立人天地

哲学大师

从贝克莱出发

Starting with Berkeley

[英] 尼克·琼斯 著

陈明瑶 程甜 译

黑龙江出版集团

黑龙江教育出版社

版权登记号：08-2016-097

图书在版编目（CIP）数据

从贝克莱出发 /（英）尼克·琼斯（Nick Jones）著；陈明瑶，程甜译．— 哈尔滨：黑龙江教育出版社，2016.11（2021.6重印）
ISBN 978-7-5316-9032-0

Ⅰ．①从… Ⅱ．①尼… ②陈… ③程… Ⅲ．①贝克莱（Berkeley, George 1685-1753）- 哲学思想 - 思想评论
Ⅳ．① B561.27

中国版本图书馆 CIP 数据核字（2016）第 305645 号

从贝克莱出发
CONG BEIKELAI CHUFA

作　　者	［英］尼克·琼斯　著
译　　者	陈明瑶　程甜　译
选题策划	王毅
责任编辑	田洁
装帧设计	Amber Design 琥珀视觉
责任校对	孙丽

出版发行	黑龙江教育出版社（哈尔滨市南岗区花园街 158 号）
印　　刷	北京时尚印佳彩色印刷有限公司
新浪微博	http://weibo.com/longjiaoshe
公众微信	heilongjiangjiaoyu
天 猫 店	https://hljjycbsts.tmall.com
E-mail	heilongjiangjiaoyu@126.com
电　　话	010—64187564

开　　本	880 × 1230　1/32
印　　张	7.5
字　　数	125 千
版　　次	2021年8月第1版第2次印刷
书　　号	ISBN 978-7-5316-9032-0
定　　价	48.00元

献给勒克女士

（并感谢 F. 博士）

目录

走近贝克莱

第一章

天主教教士尼古拉斯·马勒伯朗士（Nicolas Malebranche）1638年8月6日出生于法国巴黎，他以拥护勒内·笛卡儿（Rene Descartes）的哲学为人所知，马勒伯朗士本人就是一位哲学家，但他对17世纪思潮的贡献却常被人忽视。

据传言称，乔治·贝克莱（George Berkeley）谋杀了马勒伯朗士——不是指思想流派或是象征意义的取而代之，而是确确实实的杀害，抑或是说导致了后者的死亡。在许多自传（尤其是在较早的传记）中，乔治·贝克莱于1713年在巴黎拜访了马勒伯朗士，贝克莱本人虽然否认，但仍有传闻称贝克莱与马勒伯朗士之间发生了激烈的冲突，导致马勒伯朗士的呼吸系统疾病急剧恶化，并在两天后夺走了他的生命。事实上，马勒伯朗士卒于1715年，距离他们见面都已经两年之久，所以贝克莱并没有“谋杀”马勒伯朗士。这一传闻为贝克莱的人生增添了谈资，然而，这仅仅是属于贝克莱的众多真假掺杂的逸事之一。

另一件值得一提的趣事是贝克莱本科期间为了探索濒死体验而与朋友托马斯·孔塔里尼（Thomas Contarini）轮流自缢，贝克莱先行上阵，但因为没有及时向朋友发出事先约定的停止信号而昏厥。醒来后的贝克莱第一件抱怨的事情是领子起了褶（他的原话是“天啊，孔塔里尼，你把我的领结压皱了”）。

第一本关于贝克莱的传记将贝克莱略显夸张地描述成校园里的小丑、众人嘲笑的对象，举个例子，贝克莱常以各种工具敲打自己的脑袋，打趣似的证明“这个世界上不存在物质”。

贝克莱的奇闻趣事还有曾计划在离大陆600海里外的百慕大岛上建立一所学院；提出可以绑架印第安土著居民的小孩来填充学院人口；提倡使用松油水（一种植物分泌物与水的混合物——译注）来治疗所有疾病；拒绝在戴假发前用面粉防汗——因为爱尔兰的穷人还需要用面粉做成食物充饥；在1752年照顾巨人症患者科尼利厄斯（Cornelius）长达一个月的时间。

简言之，从前许多人容易陷入将乔治·贝克莱视为蠢货的草率偏见；时至今日，同样有许多人在初识贝克莱的哲学思想时将其认定为无稽之谈。他认为世界上不存在客观物质，桌椅等不过是心灵中的概念的集合，除了思维，什么都不存在，而上帝用完美的方式将每一个人的感官经验整合起来组成同一个"虚拟现实"。人们常认为这些理论的分量轻于鸿毛，且无异于天方夜谭，与人们对世界的认知习惯相去甚远，因而完全不必将贝克莱的哲学思想当一回事。

所幸如今的哲学教师们终于不再对贝克莱持有上述偏见，但他们依然认为贝克莱的观点禁不住推敲，并将贝克莱的哲学理论用作训练新生分析与反驳能力的入门级材料。本书中，笔者将试证贝克莱看似光怪陆离的哲学思想并非无本之木，也远非大众所误解的那样可以轻易驳倒。在论证前，我们必须先了解一些背景知识才能更好地审视并思考贝克莱的哲学观点。接下来在本章中将会简短但尽可能全面地介绍贝克莱一生的重要阶段、各个阶段的主要著作，以及著作与相应时期经历之间的关联，最后讨论该如何去理解像贝克莱这样的哲学家。不感兴趣的读者可以直接跳转到第二章（讨论贝克莱在哲学传统中的地位以及对贝克莱产生重要影响的哲学家）。

第一节　贝克莱生平简介

乔治·贝克莱1685年3月12日出生于爱尔兰都柏林西南方70英里外的基尔肯尼（Kilkenny），1753年2月14日卒于英国牛津（Oxford），终年67岁。乔治·贝克莱的父亲威廉（William）是英国移民，享有一定的社会地位，且财力殷实，母亲名为伊丽莎白（Elisabeth），贝克莱是家中长子，有5个弟弟。贝克莱的童年在距基尔肯尼约10英里外的戴萨特城堡（Dysart Castle）度过，其后进入被誉为“爱尔兰的伊顿公学”（Eton of Ireland）的基尔肯尼学院（Kilkenny College）学习，随后又进入都柏林圣三一学院（Trinity College, Dublin）深造。1704年，年仅18岁的贝克莱获得本科学位后，校方为他预留了教职员（Fellow）的岗位，前提是他必须先取得英国圣公会（Anglican Church）的圣职。1707年，28岁的贝克莱在圣三一学院取得硕士学位并完成了他最著名的三本著作《视觉新论》（*The New Theory of Vision*）、《人类知识原理》（*The Principles of*

Human Knowledge）和《贝克莱哲学对话三篇》（*Three Dialogues Between Hylas and Philonous*）。1713年，贝克莱搬至伦敦并开始活跃于贵族文人的社交圈中，他的众多朋友中最有名的当属《格列佛游记》（*Gulliver's Travels*）的作者乔纳森·斯威夫特（Jonathan Swift）以及诗人亚历山大·蒲柏（Alexander Pope）。

在之后的8年里，贝克莱曾两次前往欧洲大陆，第一次行程是在1713年至1714年间，彼得伯勒伯爵（Earl of Peterborough）为参加西西里岛（Sicily）国王的加冕礼前往欧洲大陆，贝克莱作为随行牧师先抵达法国，然后在意大利逗留了一段时间。第二次行程则是在1716年至1720年间，贝克莱作为导师带领一位爱尔兰主教之子完成其修业旅行（Grand Tour），这一次，贝克莱同样在意大利以及当时的威尼斯共和国（Republic of Venice）停留了相当长的一段时间。每一次从欧洲大陆回到伦敦，贝克莱都会继续自己在上流社会的社交生活，期望能够被君王授予仕途。

1721年至1724年间，在等待仕途的同时，贝克莱回到了都柏林圣三一学院成为一名高级研究员并积极投身于学术研究之中，随后，贝克莱被任命为德里的学监（Dean of Derry）（德里位于今北爱尔兰自治区北部），虽是虚衔，贝克莱依旧任职了近10年。1724

年至1728年间，贝克莱将该职位转托他人后回到伦敦，为自己的“百慕大计划”寻求资助，因为他感到上帝召唤他在百慕大岛上建立一所神学院，专门教育与训练印第安原住民和在北美庄园从事农业生产的英国移民后裔，使他们成为传教士。1728年年初，贝克莱迎娶了爱尔兰下议院前议员之女安妮・福斯特（Anne Foster），随后搬往北美的罗德岛新港（Newport, Rhode Island）继续自己的百慕大计划（离开英国前，贝克莱已获得英国政府以及诸多私人的资助承诺）。

在北美，贝克莱并非饱食终日干等英国政府兑现承诺，而是马不停蹄地撰写了《阿尔西弗龙》（*Alciphron*），生养了两个孩子，在当地的教会传道并在哈佛和耶鲁推动早期北美大学的筹备与发展事业（位于美国西部的加利福尼亚州有一个城市以他的名字命名，为了呼应贝克莱描绘百慕大计划的一首诗的开头：“帝国的铁蹄，铮铮向西”）。

1731年，贝克莱回到英国了解到英政府不打算兑现资助承诺，万般无奈之下，贝克莱只能放弃了百慕大计划。回归伦敦上流社会之后，贝克莱再次期望获得仕途。1734年，他如愿以偿地成了爱尔兰南岸上距科克市（Cork）10英里外的克洛因镇（Cloyne）的主教。对待这一次的神职，贝克莱亲力亲为，不仅关心辖区内穷人的福祉，还牵挂着全爱尔兰经济政治困局。他建立了一片农场，在妻子的管理下为百余名工人提供了工作，鼓励富人多穿国产服装，从而代替进口时装，在经济萧条时期提供人道救济，并且在缺乏内科医生的情况下亲自照料病人，也正是在这个时期，贝克莱提倡使用“松油水”治疗所有疾病。贝克莱在克洛因时出版的《西里斯》（*Siris*）中记载了“松油水”的化学成分分析以及生产方法，正因为这本书，“松油水”成了非常流行的保健饮品，甚至连权威医学书籍都认为其“饮之无害”。

1752年，贝克莱举家从克洛因搬回英国，定居在牛津市以便于管教正在上大学的儿子乔治（George），虽然小乔治养马、雇佣仆人，花销巨大，但贝克莱却也乐意埋单。次年，贝克莱在牛津市安然离世，据报道，贝克莱离世时，他的女儿正在家庭聚会上读《圣经》，贝克莱讲解点评。根据遗嘱，他的葬礼在数日后举行，遗体安葬在牛津市基督教会学院的小教堂内。他总共有7个孩子，其中有3子夭折，另一子威廉是贝克莱最喜爱的孩子，也未能成年，只有一子（即乔治）育有后代。

第二节　贝克莱的主要著作以及作品间的关联

贝克莱30岁前就创作了数本哲学史上的重要著作，对西方哲学发展产生了重要影响，时至今日仍然吸引着许多读者。

1710年，年仅25岁的贝克莱出版了他的巨作《人类知识原理》。其实早在一年之前他的《视觉新论》就开创了感知哲学的新篇章。1713年，贝克莱28岁时出版的《贝克莱哲学对话三篇》则是他所有作品中最通俗易懂，也是文学性最强的一本书。

《人类知识原理》以及《贝克莱哲学对话三篇》是目前人们研究贝克莱哲学最重要的资源，本书将聚焦这两本著作的主要内容并讨论两书的关联。在此之前，读者朋友们须要认识到，贝克莱不仅仅是哲学家，更是一位涉猎百家的博学大师。他的研究兴趣有些与哲学直接相关，有些则超越了哲学。数学、神学、经济学和科学都是他擅长的领域，这反映在他主题丰富、跨度巨大的论文、单页和书籍中。此外，本书还将介绍一部分他的其他著作以及这些著作与

《原理》《对话》之间的联系。

《关于人类知识原理的论述》（1710）

本书是贝克莱最全面、学术性最强的哲学著作，现今一般称为《人类知识原理》，以下简称《原理》。在书中，贝克莱提出理由反驳了诸多当时占据主流地位的哲学思想，并提出了自己的认识论（人类认知的范围与方式）以及形而上学（现实的终极本质）理论。

贝克莱将《原理》全书的正文标为“第一章”，并在书信和笔记中暗示自己本意撰写更多章节深入探讨第一章中涉及的话题。例如，1729年贝克莱在写给塞缪尔·约翰逊（Samuel Johnson）的信中提到《原理》第二章的手稿在数年前的意大利之行中遗失了。而幸存至今的除了“第一章”之外还有对《原理》原本应有的各个章节的介绍，《原理》迄今为止的各个版本都将“第一章”与该介绍收编入册。

贝克莱在《原理》一书的介绍中预告此书将通过指出主流哲学理论中观点立场与论证过程中的谬误以驳倒这些理论，然后建立自己的哲学体系。其中，贝克莱尤其反对“抽象概念”（abstract idea），这一点将会在本书的第四章中做详细介绍。

1710年第一版《原理》出版后，贝克莱遗憾地发现该书市场接受度很低，不仅贝克莱私人赠书的对象对《原理》所述嗤之以鼻或不置可否，在公众层面也反响平平，没有引发广泛的讨论，更休提有任何人成为贝克莱哲学思想的笃信者。在贝克莱看来，个中原因有出版地在都柏林使得《原理》无法抵达大规模受众的缘故，也有该书的语言过于学术化，且运用大量哲学与科学术语的原因。直到贝克莱一生最受欢迎的《阿尔西弗龙》一书问世之后，经过小幅度改动的《原理》一书才于1734年再版。

《贝克莱哲学对话三篇》（1713）

正因为《原理》的无人问津，激发了贝克莱撰写《贝克莱哲学对话三篇》（原名直译为《海拉斯与斐乐纳斯的三轮对话》，以下简称《对话》）。《对话》诞生于《原理》出版后三年，出版地选在伦敦，贝克莱希望《对话》能够收获更广泛的读者。《对话》的行文初看之下类似剧本，它不再像《原理》那样充满术语，大部分内容以直白易懂的对话展开。大量采用对话的创作模式是贝克莱非常敬仰的古希腊哲学家柏拉图经常采用的。《对话》不仅是一部哲学著作，也可称为继柏拉图后以对话形式创作的最匠心独运的文学作品。

海拉斯和斐乐纳斯的对话设定在一个大学校园的花园中展开，历时三天，每一天发生一轮对话。“斐乐纳斯”之名在古希腊语中意为“热爱智慧之人”，而“海拉斯”则意为古希腊语的“物质”。大致上，斐乐纳斯是贝克莱本人在对话中的投射，而海拉斯则是为了引出观点而设置的配角（这里之所以用“大致上”是因为在学术界对于“斐乐纳斯”的观点多大程度上等同于贝克莱的观点，而“海拉斯”的观点又在多大程度上为贝克莱所反对还存在争议，但就本书的目的而言，这样理解就已经足够）。书中还暗示斐乐纳斯相比于海拉斯是高校中更为资深的教职员。

在《对话》开篇，海拉斯对于斐乐纳斯否定物质存在的观点感到震惊，在对话开展进程中，海拉斯逐渐接受了斐乐纳斯的观点。斐乐纳斯的论证大多与《原理》一致，同时他也回应了海拉斯提出的诸多异议。海拉斯将斐乐纳斯的某些观点瞬间接受，而另一些观点则在斐乐纳斯反复论证之后才认同，总之，在全书末尾，海拉斯全盘接受了斐乐纳斯的观点。

就哲学内涵而言，《对话》与《原理》基本一致，两书教义没有本质差别，是同一个作品的两种表现形式，区别在于侧重略有不同，而且《对话》相对于《原理》在论证过程上稍作增删。《原理》的地位更为重要，是贝克莱哲学思想的集大成之作，而《对话》是对《原理》的补充与阐释，并进一步巩固《原理》中贝克莱所持的哲学立场，同时读者朋友们也会发现，《对话》比《原理》更富有趣味性。

尽管贝克莱对《对话》抱有极大期许，但《对话》第一版的反响与《原则》半斤八两。1725年，《对话》第二版发行；1734年，略加修改后的《对话》第三版与《原理》第二版一起问世。

《视觉新论》（1709）与《视觉论辩释》（1733）

《视觉新论》是贝克莱的第一部重要出版物，这部作品是他在《原理》和《对话》中全面否定物质的一个铺垫。

《视觉新论》是关于感知，尤其是视觉感知的哲学作品。贝克莱否定了传统的视觉理论以及物体具有特定尺寸和方位的观点并提出了一系列新的解释。贝克莱认为，我们看到的某件物体不过是脑海中形成的一个概念并且也只能存在于我们的脑海中。是我们的触觉而非视觉最终使我们感知到有物体存在于离我们一定距离之外的空间中，而我们通过视觉和触觉感知到的并不是同一个物体。

读者需要留心在《视觉新论》中贝克莱并没有完整地提出“对物质的全面否定”，虽然他提出我们通过视觉感知到的物体仅仅是我们脑海中产生的一个概念，但他却没有否认，甚至暗示我们通过触觉感知到的物体是存在于脑海之外的永恒世界中的实体；然而在次年出版的《原理》中，贝克莱却指出我们通过触觉感受到的物体也不是物质实体，并且彻底否认这个世界上存在任何物质。初看之下，似乎是在写作《视觉新论》和《原理》之间贝克莱的哲学思想发生了改变，但贝克莱自称并非如此。《原理》第44页，贝克莱指出他是故意在《视觉新论》的创作过程中留了一手牌，他一直坚信世界上不存在物质，但在《视觉新论》的创作期间，揭示这一理念的时机还未成熟。部分研究贝克莱的学者对这一说法颇有微词，不过主流的观点还是认为贝克莱说的是实话，虽然《视觉新论》的部分哲学思想表面上与《原理》《对话》相悖，但三者的本质观念是一脉相承的。

贝克莱于1733年出版的短篇《视觉论辩释》（*the Theory of Vision…Vindicated and Explained*）衔接了《视觉新论》和《原理》《对话》在是否全面否定物质这一问题上的断层。1732年《视觉新论》再版于贝克莱的理论著作《阿尔西弗龙》的附录中，并受到某报相当严厉的诘问。作为回应，贝克莱写作了《视觉论辩释》，明确表示“我们通过视觉感知到的物体不过是存在于脑海中的概念”。这一过渡性质的观点与《原理》中对物质的全面否定观点是统一的，并且是后者的补充。不仅如此，《视觉论辩释》同样是与《原理》《对话》相统一的，甚至其中的一些章节有助于理解后两本书的思想。

《哲学评论集》（写作时间：1707—1708年，贝克莱生前未出版）

贝克莱为《视觉新论》与《原理》做准备期间习惯在笔记本上记录一些灵感碎片、关于两书风格内容以及构架的细碎想法，形成了约900条笔记，其中大多不过三言两语。贝克莱还常在笔记旁的页面留白处标注上该笔记的用途（如是否放弃使用）。

这些笔记在19世纪时才被人发现，并于1871年被A.C.弗雷泽（A.C.Fraser）收编入贝克莱全集中，当时弗雷泽将其命名为“贝克莱备忘录”（Berkeley's “Commonplace Book”），1944年亚瑟·亚斯顿·卢斯（A.A.Luce）将其重命名为《哲学评论集》（*Philosophical Commentaries*），该名称一直沿用至今。

初识贝克莱的学生通常不会接触到《哲学评论集》，只有在完全掌握了贝克莱的思想并希望进一步研究贝克莱著作时才需要阅读这部作品。在阅读《哲学评论集》时应该采取谨慎的态度，因为虽然通过《哲学评论集》可以了解贝克莱在构思其著名的哲学思想期间的心路历程、知道他受到何人影响、他曾遭遇的瓶颈以及他是如何在哲学思想与文学艺术性之间搭建平衡的，但不难发现贝克莱在这期间改变过想法，更新过观点，甚至在相互冲突的思想立场之间摇摆切换。因此，我们不能通过引用《哲学评论集》中的笔记来证明贝克莱的观点是彼是此，因为贝克莱记录于笔记中的观点并不一定是他最终的想法。但对于将贝克莱研究得相对透彻的学生而言，《哲学评论集》是相当重要的材料。

其他重要出版著作

继《对话》之后，贝克莱于1721年出版了一篇名为《论运动》（*De Motu*）的论文，本文原用于参加由法国科学院组织的有奖论文竞赛（最终未得奖），时值贝克莱结束在欧洲大陆的修学旅行回国。《论运动》原本以拉丁文写作，后译为英语，它解释了在否定物质存在的前提下如何产生包括运动在内的诸多物理现象。

《阿尔西弗龙》（1732）和《对话》采取同样的形式，四个角色展开了7轮谈话。此书不仅包含了宗教哲学的内容，也重申了《原理》《对话》中曾出现过的针对“抽象概念”的反对态度。正如前文所述，《视觉新论》的第二版收录在1732年出版的《阿尔西弗龙》三个版本的附录中，两书在视觉方面的观点相互呼应。与贝克莱先前的著作不同，《阿尔西弗龙》一经问世即在文坛引发了一场论战（诸多学者通过公开出版论文提出针对性观点）。

1734年出版的《分析师》（*The Analyst*）则挑战了建立在“无穷小量”假设上的微积分理论。贝克莱的反驳从两方面展开：第一，如果世界上存在物质实体，那么物质实体一定可以无限地切分成更小的单元，也就是说可以无限地接近于“无穷小量”，而贝克莱否定世界上存在物质实体，自然而然地也就等于否定世界上存在这个“无穷小量”；第二，有反基督教观点认为基督教信仰是站不住脚的，因其包含许多虚无缥缈令人无法认知的概念（如“三位一体”说），针对此类观点，贝克莱于《分析师》中指出，数学中的“无穷小量”同样虚无缥缈，令人无从感知，那么所有认同现代数学存在的人都应该有能力理解并接受基督教。与《阿尔西弗龙》一样，《分析师》同样引发了文坛的强烈反响。

最能体现贝克莱关心民生的著作是贝克莱受任命成为克莱因主

教后于1735年至1737年间分三部分写作并于1750年整合出版的《询问者》（*The Querist*）一书。全书运用反问手法写成，提出并解答了许多经济问题。该书旨在缓和爱尔兰穷人的困难处境，书中提出的许多建议对于当时的情形不仅因时制宜而且颇具可行性。

在最后介绍的一本书是1744年出版的《西里斯》（*Siris*）。从某种程度上说，该书是贝克莱最怪诞的一本，杂糅了哲学、神学、科学和药理学（关于"松油水"可以做万能药剂的记载）。就《西里斯》的哲学部分而言，初看之下似乎是贝克莱的哲学立场来了个180度大转弯，鼓吹在从前的著作中反对过的观点，但细读之后似乎又并非如此，他的立场的转变似乎只是表面上的。

第三节　哲学家生平研究方法和本书阅读指南

去了解数百年前的思想家不是一件容易的事情，没有耐心、不经历挫折是无法批判甚至无法理解他们的著作的。在遣词造句的层面，当时的字句表达与现代的相去甚远，而从思想内容层面，作者创作时面对的时代背景、主流思想也已时过境迁不再为今时今日的我们所理解，这同样令人无所适从。本小节将会给出几点建议，帮助大家如何跨越时空的障碍，学习如贝克莱这样的哲学大家的思想。

反复阅读原著作

读到这里，读者朋友们或许会认为先了解当时的哲学思想与学术氛围之后再去阅读贝克莱的著作会更有成效，恰恰相反，阅读《原理》和《对话》应该是大家首先要做的事情。即使有时会发生理解障碍，也应该将熟悉贝克莱说过的话作为重要的开端。在研究哲学史上的重要人物的过程中，阅读原著（哲学家本人撰写的第一手资料）永远是绕不开的一道坎儿，也是无可替代的重要方法。与17、18世纪其他哲学家的主要作品相比，《原理》和《对话》都是相对较短的作品，贝克莱的每一本书都可以在一天内读完。所以，无论是预习功课，或是课后反思还是阅读如本书一类的书籍的过程中，最好手头能有《原理》和《对话》以便随时查阅相关章节比照贝克莱的原话，并且随着对贝克莱的深入了解，反复阅读整段章节乃至全书。

在了解贝克莱的思想的同时，跟进自己的理解进度也至关重要，以下是两点建议：第一，虽然不必在阅读《原理》和《对话》的过程中记笔记，但是在阅读完毕之后，可以拿出纸笔，用自己的话重写贝克莱的哲学思想大意，这种方法可以帮助你检测自己对某一观点、理论或论证过程的掌握程度。有时候只有在自己试图去向别人解释某个理论之后才能真正了解自己是否已经做到完全理解以至融会贯通。最好的练习办法就是通过纸笔先向自己解释，从而帮助自己跟进理解进度。但是要注意，不要只是重复贝克莱的说法（虽然不可避免地会需要使用贝克莱说过的话）。建议可以先将原著放在一边，需要提示时再打开看一眼。第二，有时候原文表意模糊，仅凭原文很难判断贝克莱的观点究竟是什么，因此，初学者不仅会因阅读贝克莱的著作产生困惑，还会因为其他人对贝克莱的解释而产生困惑。当产生此类困惑时，可以先选择一个最可能的解释并在原作中找出能够支持这一解释的原文。虽然可以参考其他学者对贝克莱著作的解释，但是绝不能舍本逐末，不顾贝克莱亲笔写出的原文。当然，经过反复阅读和咀嚼之后也可以随时修正自己的理解。

善用“第二手资料”

通读《原理》《对话》之后，我们还可以利用其他学者研究贝克莱的著作（即“第二手资料”）学习贝克莱哲学。“第二手资料”主要有三类来源：

1. 贝克莱哲学导读，这类导读针对的可能是贝克莱总体哲学思想（如本书）或是针对贝克莱哲学具体的某些部分。

2. 学术杂志或汇编（汇总同一主题的论文的书籍，一般在封面上可以找到责任编辑）上的相关文章。

3. 纸质或在线百科全书、学术字典里收录的相关词条。

接下来以倒序介绍一下这三类来源。首先，在线百科全书中收录的有关贝克莱的词条一般比较简短，概括性强，可以作为入门级材料，但通常这些词条对于深入了解贝克莱哲学思想的帮助不大。其中，你还要仔细甄别维基百科上的信息，因为尽管维基百科蕴藏了丰富的信息，但这些信息可没经过“同行审查”（也就是说，维基百科上的信息不需要经过任何专家审核就可以发布），而且任何人都可以在维基百科上面发布、编辑材料。所以材料的准确性和权威性得不到保证。哲学方面的词条尤甚，毕竟哲学材料的专业性相对较强。如果一定要使用维基百科研究哲学话题或者哲学家，建议将其作为研究的第一步，而且也不要将维基百科上的内容当作权威真理。

通常情况下，学术刊物上的文章不适合作为刚接触贝克莱的初学者阅读，因为虽然这些文章通常是权威学者的研究成果，但其中会涉及过多的背景知识，而且一篇文章的重点也往往集中于贝克莱哲学思想的某个层面。初学者若是在没有人辅导的条件下学习这些材料，很快就会感到迷茫无措然后丧失兴趣。但对于进步阶段的学生来说，许多学术论文会对学习颇有裨益。有一个非常有效的方法，就是找出高含金量的论文，即找出在相关书籍中反复被引用的文章，尤其是找到诸如“优秀直白的文章，值得感兴趣的读者一读”一类正面评价的文章。

而最适合第一次接触贝克莱的读者的“第二手资料”莫过于贝克莱的传记或导读类书籍，有时候也可能称为品鉴评论（往往由学者写作），这些书籍不属于学术刊物。这类书的艰深程度不一而同，有些比较适合初学者，有些比较全面，读者朋友最好手头能有两三本这类书籍一并阅读，在本书附录中有一份推荐书单仅供参考。这类书不需要逐页细读，也很少有人这么做，大家一般都会重点阅读这类书中自己最感兴趣的部分，比如贝克莱的某个哲学观点，那么阅读前先参考目录就可以提高阅读效率。

“第二手资料”是帮助学生获得对贝克莱哲学的独立理解的首选，当然也不能不加甄别地盲目接受某个学者对贝克莱哲学的解读。每个学者各执一词，不可能所有人都对，记得要将其他学者的理解与自身对贝克莱的理解进行比对，并引用贝克莱原作中的话来证明自己理解的正确性，如果你发现某个学者对贝克莱的解读有误，并且能够引用原著作为证据，那就是很好的进步。另外，“第二手资料”能够帮你判断自己是否真正接受贝克莱的思想，因为这些资料往往是贝克莱的支持者和反对者的论战，反对者抛出反对意见，而支持者则通过反驳反对意见来支持贝克莱。同样的，也不要盲目地接受“第二手资料”中的观点，而是要仔细审视作者的论证是否充分，如果发现“第二手资料”中的观点有误，并且能提出反对的理由，这同样也是一个进步，在这过程中，你自己也加入了论战并且发展了自己的哲学思想。最后，通过综合“第二手资料”中的各家之言，读者朋友也就可以形成对贝克莱的独立见解。虽不应照搬他人观点，但当你反对贝克莱的某个观点时可以适当借用其他学者的论证对其进行反驳。

与已逝哲学家产生理解与共鸣

学习已故哲学家的思想之所以困难，部分原因是他们所处的时代背景与我们大相径庭，当时贝克莱认为的普世性真理在今天已不通行，而如今被普遍认可的观点大多是自贝克莱死后才出现的，在这种差距下，如何能对贝克莱哲学形成客观的评价？

一个办法是了解那个时代流行的哲学思想和理论假设，本书的目的之一就是介绍这部分内容。另一个办法是以共情同理的态度对待贝克莱的哲学，很多人深信贝克莱的哲学是无稽之谈，但笔者想说，任何把已故的重要哲学思想家的学说论断为无稽之谈的人，很可能并没有较好地理解这些学说。不要忘了，贝克莱之辈是极其聪明之人，他们的思想之所以能流传后世，一定在某种程度上经受住了考验。所以，笔者建议读者朋友们适当地采取共情和同理的态度去理解贝克莱的哲学思想，在下定论之前至少应该进行过琢磨与钻研。比如当你发现学术界对贝克莱的同一个观点有截然不同的评价，一个赞同一个贬低，那么至少要独立思考之后再做出自己的评价。

同时，正因为贝克莱哲学的诞生时代与我们自己的时代差异巨大，在批判他的哲学时我们不应该以自己的标准去衡量他的观点并武断地做判断，虽然我们自己受到不同思潮的影响，但是我们个人可以做出是否接受贝克莱哲学的选择，我们可以把自己代入当时的时代背景，用18世纪的评价标准和主流思想去评判他的哲学。

贝克莱及其同代人的哲学体系往往将上帝置于中心地位（虽然贝克莱对物质的完全否定论并非基于上帝存在的前提下），很多人可能会说："我不相信上帝的存在，所以我不赞同贝克莱的哲学。"但是，纵使不相信上帝的存在，你也可以有条理地指出贝克莱关于上帝存在的论证有什么问题。先暂时以上帝是存在的作为前提，然后对贝克莱的论证过程做出评价，这就是共情同理的一种方式。借用贝克莱时代的价值标准对其作品做出评判之后，下一步就可以对当时的价值标准本身做出评论，最后再使用自己的标准来比对自己和贝克莱的观点异同，如果你对贝克莱的哲学持反对观点那么再尝试进行反驳。

对贝克莱哲学的批判性考量

读完贝克莱的作品、了解了贝克莱哲学思想之后，你可能要做出自己的价值判断，是否赞同贝克莱的观点？如果反对，那么贝克莱的观点错在何处？如果赞成，你就需要面对反对派发起的挑战，尝试说服他们，无论是哪种情况，你都必须准确地认识贝克莱的思想以及问题的症结所在。以下有几点建议可以帮助你判断自己是否赞成贝克莱的哲学。

贝克莱对自己提出的论点是否进行了论证，还是他在书中提出论点却不加论证？论证一词在哲学中的定义是“由一个结论（即论证者试图说服受众去接受的论点）以及诸多前提（论证者给出的达成结论的条件）串联而成的一系列陈述”。

如果贝克莱进行了完整的论证，那么他的前提是否成立？若有一到数个关键前提不成立，那么这个论证就很难令人信服（当然，也可能有其他论证使同一论点成立）。

如果贝克莱通过演绎法（deductive argument）进行论证，那么所述前提在无其他补充的情况下能否确保结论完全成立？如果贝克莱是通过归纳法（inductive argument）进行论证，那么在前提全部符合的情况下该结论是否具有可能性，且只有该结论具有可能性？

如果贝克莱是通过归纳法进行论证，我们可以问一个更深入的问题：假使所有前提都成立，它们是否足够且能够推导出结论成立？如果可以，并且所有前提本身都成立的话，这个论证就是成功的，我们理性上有义务接受这样的论证。

如果贝克莱是通过演绎法进行论证，那么所有的前提是否都支持结论成立？换句话说，所有前提全部满足的情况下该论点是否100%成立？如果是的话，这就是有效论证（valid argument），否则就是无效论证（invalid argument），无法使人信服。有个行之有效的检测论证有效与否的方法就是想出一个反例（counter-example）：如果能够举出一个前提全部成立然而结论不成立的情况，那就说明该论证无效，因为所述前提无法100%保证结论成立。

然而有些有效论证是无用论证。这类论证的前提是结论成立的充分条件，然而前提本身的真实性却有待推敲。如果一个有效论证的关键前提不成立，那么这个有效论证就是无用的。当一个有效论证的所有前提都成立时，该有效论证就是可靠论证（sound argument）。而所有的无效论证以及无用论证都是不可靠论证（unsound argument）。那么，如果贝克莱展示了一个无可挑剔的可靠论证，我们在理性上有义务接受他的论证。

但是有一个情况例外，那就是出现循环论证（circular argument）时，该论证也是有问题的。循环论证也可能是可靠论证，但是循环论证的结论和前提是重合的。比如“因为《圣经》说上帝存在，所以上帝是存在的”就是一个循环论证，只有信上帝的人才能从前提导出结论，因为上帝保证了《圣经》中的每一句话都是真理。循环论证（即使是有效论证）也不能说服原本不接受论点的人。思考一下贝克莱有没有进行循环论证?

贝克莱的论点合理吗？即论点与你的常识（或笃信的其他哲学理论）相符吗？如果不相符，那么你可以用贝克莱的论点不合理为由拒绝接受这一论点。当贝克莱对论点的论证不足或无力时，这个问题就是有力的一击。同时，这个问题也能帮助判断自己的态度是否是赞同的。即便贝克莱的论证是可靠论证，这个论证还是可以找出问题来，例如，可能出现任何有理智、有自己思维判断的人都不接受论证的情况，18世纪苏格兰著名哲学家大卫·休谟（David Hume）在《人类知识调查》（*An Enquiry Concerning Human Understanding*）的第十二节第二部分的脚注中就曾这样评价贝克莱的论证："这些论证毫无说服力。"如果一个论证不为任何理性的人所接受，那么这样的论证就是矛盾论证（self-refuting argument）。

当贝克莱的观点和你自己对世界的常识不一致时，你应该慎重取舍。有时候学习哲学就意味着不断更新我们的固有成见，将自己头脑中不严谨、不理智的部分暴露在批判性思维的审视之下。因此，当贝克莱的论点与自己的固有信念或原有的哲学观念发生矛盾碰撞时，自问原有的观念是否是不可撼动的事实真理？比如你能不能通过合理的论证证明自己观点的正确？如果不行，那么你原有的信念可能不过是从众惯性下产生的一丝偏见。简言之，不要鲁莽地说贝克莱的哲学是不合理的，想一想自己的观点是否更不合理。

贝克莱的论点之间是否存在连贯性？假设贝克莱的数个观点都正确，如果这些观点相互矛盾，那么它们就是不统一的，可以肯定其中至少有一个观点是错误的。找出错误观点。运用共情同理的态度，去掉这些观点中对贝克莱整体哲学体系产生最小影响的那个，并在去掉该观点后检查贝克莱哲学体系是否受到了不可逆转的破坏。

本书阅读指南

接下来的章节将介绍部分对贝克莱产生重要影响以至于完成创作的思想家以及当时流行的理论和设想，然后本书将会介绍《原理》和《对话》的主要论点、论证过程与理论。第三章将主攻贝克莱的所谓“实证哲学”：他关于存在的解释、其求证过程以及贝克莱是如何将自己的理论体系与人们关于世界的常识性认知相融合的。第四章主要讲述贝克莱证明“物质不存在，我们日常所见事物不过是脑海中的概念集合”的主要过程。

笔者将在尽可能忠于原文的基础上重新编排整理贝克莱的论点和论证，并加以阐释，以此提供一条理解贝克莱哲学的思路，仅供读者参考。

同时，本书也可能包含一些针对贝克莱哲学常见的反对意见，有些甚至出自笔者自身，然后给出可能的应答。笔者的目的是鼓励各位读者朋友建立批判思维去看待贝克莱的思想以及其他人对贝克莱的理解。别忘了，这本书属于“第二手资料”，牢记前文对“第二手资料”的阅读建议，无论本书说了什么，采取什么观点，对于读者朋友们而言最重要的是理解贝克莱的哲学和形成自己的看法，请大家牢记在心。

最后一点，本书在引用贝克莱观点时不会大量摘录原文，而是适时标明出处供读者自行查阅《原理》和《对话》，这能帮助读者朋友们找到与本书所讨论的话题相关的贝克莱的原话，从而判断笔者的话是否言之有据（书末附《原理》《对话》参考版本信息，书中所引原文页码请参考此版本）。

对贝克莱产生重要影响的人物与理论

第二章

贝克莱属于早期近代哲学家，也就是说，他生活的时代与哲学创作背景处于西方哲学所谓的近代时期。近代西方哲学的精确起始时间尚存在争议，一般认为是17世纪。近代哲学时期的特征是脱离了数百年来古希腊哲学家亚里士多德（Aristotle，公元前384—前322）思想对哲学界的统治，近代哲学之前的哲学被称为“学院派”（Scholastic）哲学，因为亚里士多德的哲学通常是在“学院”（即早期大学中）教授的。

至于近代哲学时期结束于何时的争议就更大了，甚至有人认为近代哲学时期至今尚未结束。在本书中，我们将会把当下的哲学思想归为“当代哲学”（Contemporary Philosophy），而将17、18世纪的哲学思想归入近代哲学。

近代哲学是随着人们脱离亚里士多德的思想统治开始的，当时的新兴哲学思想家呼吁思想界创造属于自己的思想，停止对古代先贤的一味依赖（近代哲学的起源与新科学的诞生是密不可分的，新科学的领衔人物有伽利略和牛顿等，当时的很多科学家事实上也是优秀的哲学家。哲学科学之间的界限并不泾渭分明，哲学有时被称为“科学的皇后”，而科学则有“自然哲学”之称）。于是，哲学和科学界都出现了一波创新潮，哲学家开始独立思考，不再依赖于传统的哲学权威，而新科学的发展也使得近代哲学如虎添翼，开始呈现与亚里士多德思想截然不同的崭新面貌。

贝克莱踏入哲学界的时候，近代哲学的发展势头已经十分强劲，近代哲学的奠基人已确定，近代哲学思想也开始了长足的发展，哲学界对近代哲学之父的哲学思想褒贬不一。在这样的时代大背景下，贝克莱吸收借鉴了许多18世纪早期的前辈的哲学思想，但同时又在许多关键领域内持有自己的见解。贝克莱担心新哲学不仅不能带领人类开辟崭新的哲学舞台，还会使人们失去原有的积淀，更可怕的是可能会使人远离上帝。贝克莱的哲学理论中最具有颠覆性，与人类对世界的传统认知相悖的是他的非物质论以及唯心主义。贝克莱的非物质论全面否定物质的存在，而唯心主义则是认为日常物体只是脑中的概念而已。但是即使是在当时，贝克莱面临的竞争还是相当激烈的，对冷门小众哲学感兴趣的朋友可以参考与之同时代的德国哲学家莱布尼茨（Gottfried Wilhelm Leibniz,1646—1716）以及荷兰科学家斯宾诺莎（Baruch Spinoza,1632—1677）的理论。

贝克莱是奉行经验主义（Empiricism）的哲学家，当时他被称为英国三大经验主义哲学家之一（其实贝克莱是爱尔兰人，当时的爱尔兰还不属于大不列颠），其他两位分别是约翰·洛克（John Locke）和大卫·休谟（David Hume）。经验主义是哲学一大流派，与理性主义（Rationalism）相对，大部分西方早期近代哲学家都可以归入这两大流派之一。至于应该如何区分什么是经验主义，什么又是理性主义，甚至是否可以将一个人的思想分成这两个流派，学界没有定论。就本书的讨论范围而言，我们可以将这两个流派粗浅地定义为：经验主义认为人类的知识来自通过感官获取的信息，而理性主义是在承认知识来源于感官体验的基础上，进一步提出知识的最终产生是心灵对感官体验进行加工的结果。

本章前半部分将会介绍三位哲学家：勒内·笛卡儿（Rene Descartes）、尼古拉斯·马勒伯朗士（Nicolas Malebranche）和约翰·洛克，他们的著作或直接或间接地影响了贝克莱哲学思想的成形。通过研究贝克莱大学的课程设置，著作中对上述三位哲学思想家的引用以及笔记、书信中的记录，我们可以获悉贝克莱对三者的主要著作相当了解。我们无从得知贝克莱在多大程度上受到这三位思想家的直接影响（阅读三者著作后持赞同还是否定的态度），但可以肯定的是，这三位思想家至少间接地影响过贝克莱，因为这三位哲学大家的思想被当时的人们广泛接受，是时代的主流。

洛克和马勒伯朗士对贝克莱的直接影响最大，甚至常有人草率地误解贝克莱哲学完全就是在反驳洛克思想。诚然洛克的思想是贝克莱所反对的对象（至少洛克思想正好代表了贝克莱所反对的思想典型），但他们两人却也在许多重要的观点上存在共识。此外，马勒伯朗士本人虽然不是非物质论者，但他的著作却最终促使了贝克莱走上非物质论唯心论哲学道路。

对贝克莱产生过影响的思想家还有许多，本书仅仅只是列举了其中影响最大的三位，笛卡儿、马勒伯朗士和洛克。本章前半部分将会概述他们三位的哲学立场；后半部分则更深入地探讨相关哲学课题以及当时的主流哲学思想与时代背景，以便读者朋友们获得一种全局视角，从而更好地理解其后章节中关于贝克莱的理论与论证。

第一节　勒内·笛卡儿（1596—1650）

被称为“近代哲学之父”的法国哲学家勒内·笛卡儿跳出统治整个学术派哲学时期权威哲学家的哲学方法与教条，这是一大创举。他有句名言 “我思故我在”（I think, therefore I am），意为只要人类一思考，就证明了自己的存在（试着假设自己不存在，那么最终你一定只能证明自己是存在的，因为你必须首先存在然后才能怀疑自己不存在）。笛卡儿并非将 “存在”看作一种现象，而是将其作为自己整个哲学理论的基石，并且笛卡儿证明了我们可以通过哲学和数学了解到很多真理。笛卡儿的主要著作包括《方法论》（*Discourse on Method*）、《第一哲学沉思集》（*Meditations on First Philosophy*），以及《哲学原理》（*Principle of Philosophy*）。

笛卡儿时代是充斥着剧烈思想、政治、社会变革的时代，当时在文人学者间曾广泛流行一种“怀疑主义”（Scepticism），怀疑许多人们所珍视的信仰，怀疑人类是否真的认识那些我们自以为认识的事物，甚至怀疑人类没有能力完全认识任何事物，笛卡儿尤为担心“怀疑主义”对思想界的冲击。那是一个社会政治都经历着剧烈变革的时代，宗教改革之后罗马天主教会的传统统治地位受到了冲击，新科学的兴起带来了方方面面的观念革新与颠覆。笛卡儿坚信只有击败“怀疑主义”才能为新科学的建立打下坚实的基础，贝克莱同样有着消灭怀疑主义的抱负，只不过贝克莱认为笛卡儿所推崇的新哲学才正是使人们困入“怀疑主义”的元凶。

“怀疑主义”的一个主题是对“外部世界”的怀疑。根据怀疑论者的说法，我们无法证明我们生活的（由各种物体与其他人组成）现实世界真实存在，因为这个世界有可能是一场梦，一个宏大的幻象，只要存在一丝“这个世界是梦”的可能性，就不能百分百肯定世界是真实的存在，也就是说还存在怀疑的余地。笛卡儿是第一位提出“我们是否能够通过哲学手段认识现实世界”的人，这一课题引起了贝克莱浓厚的兴趣。贝克莱和笛卡儿都相信我们可以确定真实世界的存在，或许这听起来有些矛盾，持有“否定一切物质的存在，认为一切物体不过是脑海中概念的集合” 观点的贝克莱竟然会认为现实世界是存在的，然而，贝克莱确实认同真实世界的存在，并且贝克莱认为人们正是因为相信物质的存在，才会对外部世界的真实性产生怀疑。

笛卡儿常被视为理性主义哲学家，他认为我们每个人天生有获得“天赋观念”（innate ideas）的能力，在获得教育和经历之后我们都有能力思考超出感官认知的事物（如上帝）。笛卡儿还认为我们的五种感觉并不能带领我们认识这个世界。在《第一哲学沉思集》中他举了一个非常有名的关于蜡的例子：当蜡融化时，我们有关于蜡的感性认识，如蜡的硬度、形状都发生了改变，然而我们依然知道这是蜡，这说明我们并非通过感官知觉知道这是同一块蜡。笛卡儿对此的解释是，只有当心灵通过理性分析中的天赋观念对我们的感官输入的信息进行解读之后，我们才能对物质世界产生认知。经验主义者贝克莱则完全不赞同这一说法，他认为我们的感官可以正确感知物体，并且他将认为笛卡儿提出的“人类可以完全不依赖感官独立产生想法”的说法是一切哲学谬误的源头。

笛卡儿将人类自身想法以及天赋观念置于获取知识的起点，从而开辟了后被称为“概念运作模式”（Way of Ideas）的全新的哲学理论。从笛卡儿到贝克莱再到后来的许多近代哲学家都认为我们对世界最初步的认识来自我们自己的思维和精神方面的体验，包括我们通过感官感知世界的过程（见下文“间接现实”），但贝克莱与笛卡儿的分歧在于，笛卡儿认为头脑中的概念与经历帮助我们认识物质世界，而贝克莱则坚信所谓物质世界不过就是（或者是从属于）头脑中的概念和经历。

笛卡儿和贝克莱都将上帝置于各自哲学思想的中心，笛卡儿试图通过哲学手段证明上帝的存在，并且在出版著作中指出只有对上帝的知识能够帮助我们认识世界，然而，笛卡儿的某些著作似乎给人一种这样的印象：上帝在创造世界以及统治世界上所有物体运动的运动三大定律（three laws of motion）之后便不再对世界施加作用，而是让物质世界独立地根据既定规律自行运作，那么不需要对上帝的知识，科学就可以成为认识世界规律的手段，这一说法又使得上帝的存在变得可有可无，这一点令贝克莱不能苟同，也称为了后者全面否定物质存在的原因之一，贝克莱担心如果任凭新哲学将上帝和科学捆绑掺杂进对世界的解释中的话，最终会导致对上帝的彻底舍弃。

笛卡儿将人的心灵定义为非物质的以思想作为本质的存在，对贝克莱产生了正面的影响。笛卡儿认为，人的心灵是完全独立于物质的，并不延伸（或分布）在空间里，因此也不可切分，人的心灵可以不借助物质世界产生自己的想法。既然死亡的定义就是分解成更小单元，而人的心灵无法进行细分，因而笛卡儿相信人的思维是永恒的，心灵一经诞生，只有上帝的意志能够将其摧毁。将心灵视为永恒的非物质存在，且以思考为存在方式的观点也能在贝克莱的哲学中找到。

第二节　尼古拉斯·马勒伯朗士（1638—1715）

尼古拉斯·马勒伯朗士教士（并非因贝克莱而死）是法国哲学家也是一名牧师。他是笛卡儿派（Cartesian）哲学家，他也正是因杰出地传承了笛卡儿思想而为人所知，但他本人的思想也相当有分量，对贝克莱产生了巨大影响（他对贝克莱的影响常被世人低估）。马勒伯朗士重申并解释了笛卡儿学说的中心教义，这对贝克莱又产生了与笛卡儿不同的影响，马勒伯朗士的主要著作是于1674年和1675年分两部分出版的《真理的探索》（*Search after Truth*）。

早期的《原理》《对话》读者将贝克莱视作马勒伯朗士的门徒，这遭到贝克莱的强烈否认，其实贝克莱并不接受马勒伯朗士哲学的许多核心观点，但他们的哲学确实有诸多共通之处，马勒伯朗士也曾给予贝克莱不少灵感。

人们常认为从笛卡儿的理论可以推导出上帝在创造了世界和统治物质运动的运动三大定律后便不再对物质世界施加影响，而马勒伯朗士则将上帝放在自己哲学体系中的至高地位之上，坚信上帝对世界以及我们的生活施加着持续的全方位的影响，在这一点上贝克莱认同马勒伯朗士的说法。马勒伯朗士时常在著作中引用《圣经》，他常常引用的一句是“我们生活、动作、存留，都在乎他”（Acts 17:28）。这也是贝克莱最喜欢的一句话，很可能正是马勒伯朗士的影响使贝克莱产生了“正确认识上帝在我们生活中的地位是正确认识世界的本原的关键”的观念。

马勒伯朗士将上帝置于哲学体系中心的一个例证就是他的“偶因论”（Occasionalism）。17世纪至今，许多人都认为物质之间是发生着因果互动的，例如，一个台球撞上另一个台球后引发了后一个台球的运动，第一个台球的碰撞是后一个台球运动的直接原因。同时，17世纪至今的人们还相信，人的心灵与物质世界也发生着因果互动，比如我在脑中做了一个抬起手臂的决定，于是我的手臂就抬起来了，又如因为我吃了致幻剂所以我看见了老鼠在天花板上乱窜。这种说法与笛卡儿的理论相悖，因为笛卡儿认为物质和心灵是截然不同的两件事物，前者可以分布在空间中，而后者不能，那么物质世界如何能与非物质的心灵发生因果互动？我们通常认为物质间的因果互动是在其相互碰撞时发生的，就像两个桌球相互碰撞，但既然心灵是非物质的，它又如何能与物质发生“碰撞”？通常我们认为触发因果互动需要力的传导，然而这个力如何能够在物质世界与心灵之间传递？如今，这一难题被称作“心理因果难题”（the problem of psychophysical causation）。

马勒伯朗士给出了一个极端的回答，他否定了不同物体之间或是物体与心灵之间存在着任何直接的因果互动，将一切因果归于上帝，用他的理论来解释，上帝控制着第一个台球的运动，并在两球相撞时启动第二个台球的运动。马勒伯朗士的原话是：第一个台球对第二个台球的碰撞是使上帝触动第二个球的“条件”（occasion），在我们眼里看来，两球间发生的碰撞符合物理规律，但其实真正发生的事件并非我们肉眼所见的那样，物理法则不过是人们出于自己的角度对上帝这个因果的解释。两个球之间所谓的因果互动的实质是上帝之手在直接发挥作用。同样的，我决定抬起手臂和手臂随之抬起之间的因果也在于上帝，不是因为我下了抬手这个决定，而是因为上帝知道我下了抬手的决定而使我的手抬了起来。当然我还是可以说是“我”把手抬了起来，但这种说法只能算是关于真相的“属物质的”“次要的”“偶因的”解释，真正的解释是上帝在起作用。

贝克莱同样也认为上帝是一切物质的成因，是我们对物质一切感知的根源。但贝克莱与马勒伯朗士有两点重要的意见分歧。马勒伯朗士认为上帝是物质世界运作的原因，而贝克莱从根本上否认物质世界的存在。其次，贝克莱认为我们的心灵具有创造力，比如我们有能力通过想象创造出独角兽的画面，我决定想象一只独角兽，结果一幅独角兽的画面就出现在我的脑海中。而马勒伯朗士认为是上帝的决定使我们的脑海中浮现出了独角兽的画面——上帝看见我们做出开始想象的决定，然后便将画面送到我们的脑海中。姑且不论这些差异的话，马勒伯朗士的偶因论还是带给了贝克莱许多启发，比如贝克莱和马勒伯朗士一样认为我们看到椅子是因为上帝，桌球碰撞改变运动轨迹也是因为上帝。

上帝在马勒伯朗士哲学体系中的中心地位还体现在他认为我们看见的任何事物都来自上帝。拿椅子举例，我们如今通常认为人看见物体是因为光在物体表面产生反射，反射光进入人眼并激发视网膜上的视神经向大脑发送电信号，从而使得大脑形成了椅子的画面，而根据马勒伯朗士的说法，当电信号通过神经系统抵达大脑的一瞬间，是因为上帝将椅子的画面传递给感知者负责视觉的那部分大脑组织，才使观察者在脑海中产生了椅子的画面。只要我们与上帝之间存在感知共联，我们就可以产生知觉。并且只有当上帝将与该椅子相关的一系列概念传递给我们时，我们才能知道椅子是什么样的。上帝对世界和物体的概念以及上帝使我们感知到物体的理论在贝克莱哲学中占据重要地位，在这方面贝克莱与马勒伯朗士的理论存在相似之处（不同之处是贝克莱认为我们意识到的是自己脑海中的概念，而没有提及这些概念来自上帝）。实际上，贝克莱的见解比马勒伯朗士更进一步，他认为并非是上帝将对物体的认知概念共享到我们的脑中，而是我们脑中对物体的认知概念就是这件物体本身——也就是说并不存在可供上帝分享概念的实体对象。贝克莱很可能是对马勒伯朗士的理论进行了提炼升华，并彻底摒弃了物质的存在。

马勒伯朗士虽然提出人类通过上帝认识世界上的所有物体，但他却认为要通过哲学手段证明物质的存在是不可行的。在这一点上，笛卡儿的观点是我们可以通过理性论证证明外缘世界以及实际物体的存在，而马勒伯朗士则相信唯一的证明手段是相信并理解《圣经》中关于物质存在的解释。他们俩都认为上帝给我们感官是为了让我们感知环境并远离危险，而不是让我们通过感官去体察物质的存在本质。笛卡儿认为，我们是通过智力和思考而不是通过感官分辨椅子桌子等物体的，而另一方面，马勒伯朗士则认为是在上帝将关于物体的概念与我们进行了共享之后我们才分辨出了不同物体，因此马勒伯朗士认为通过哲学手段无法证明实际物体的存在，而这也正是对贝克莱产生重大启示的部分，事实上贝克莱继续深入完善了马勒伯朗士的许多论证。贝克莱认为我们可以通过感知获得对事物的认识，除此之外，他也不赞同可以通过对《圣经》的信仰证明实际物体的存在，因为他认为《圣经》中实际上并没有出现支持物质存在的证据，《圣经》中有记载蛇与无花果树，但是这能证明蛇和无花果树它们是实际存在的物体吗？贝克莱认为不能。

本小节的最后我们讨论一下贝克莱对“抽象概念”的看法。贝克莱认为我们对世界上的事物不能产生概括性的“抽象概念”，也就是说，我们只能对特定对象产生认知概念，特定对象是指具有一系列物理特性，如尺寸、形状、颜色等特征的物体，贝克莱的这一说法与约翰·洛克（见下文）的说法截然相反。而马勒伯朗士的理论虽然认可抽象概念的存在可能性，但是却将抽象概念视为人们错误认识世界的一大罪魁祸首，并警告人们对抽象概念的使用要谨慎小心。贝克莱对抽象概念的否定很可能也是受到马勒伯朗士的影响（虽然马勒伯朗士的哲学存在着概括性的对世界的认知，如上帝对物质世界的概念就是概括性认知）。

总而言之，马勒伯朗士给了贝克莱许多启发，贝克莱赞同马勒伯朗士的许多重要观点（尽管也有许多不被贝克莱赞同），可以说马勒伯朗士在很大程度上造就了贝克莱最终的哲学体系。

第三节　约翰·洛克（1632—1704）

约翰·洛克是英国哲学家，同时也是一名优秀的医生，他的著作涵盖宗教、政治以及经济领域。他的主要哲学著作是《人类理解论》（*An Essay Concerning Human Understanding*），该文章于1689年出版并很快成为圣三一学院的教材，当时贝克莱正好就读于圣三一学院。前文已经提到一个传统的误解认为贝克莱的哲学理论就是对洛克观点的直接反驳，但正如上文所述，马勒伯朗士才是对贝克莱产生最大影响的哲学家，而且贝克莱在自己的著作中很少指名道姓地批评约翰·洛克的哲学思想。贝克莱其实相当尊敬洛克，每每提及不吝赞美之辞，实际上贝克莱对洛克的不少观点是赞成的，尤其是洛克对前人（如笛卡儿和马勒伯朗士）哲学理论的反对观点。另外，贝克莱虽然并不直接攻击洛克哲学，但洛克哲学的观点正好十分接近贝克莱要反驳的哲学理论。

洛克与笛卡儿、马勒伯朗士一样，呼吁人们停止对古代先贤的盲目追从，相信具有充分论据且禁得住理性推敲的理论，他将自己定位在“哲学小工匠”的角色上，清扫阻挡科学进步的哲学障碍。洛克时代盛行一种原子论（Corpuscularianism），该理论认为一切物质都是由微小的颗粒组成的，而这些颗粒的类别和性质则决定了组成物的性质特征，继而决定了我们对这些组成物的感知体验。但与笛卡儿不同，洛克否认我们可以通过科学途径认识事物的终极本质，他认为科学只是给人类提供了一种提升生活质量的工具，但通过科学工具是无法认识实际物体的真正本质的，而且我们接触物质时也无法接触到物质真正的存在。

洛克和贝克莱通常被归为经验主义哲学家，两人哲学思想的出发点十分接近，他们都否认（笛卡儿提出的）天赋观念，天赋观念指的是人与生俱来的超越感官的思维能力（或者至少是潜力），而洛克认为人的心灵在出生时是一张白纸，随着年龄增长逐渐写入信息，洛克和贝克莱都认为人的思想以及人类可以获得的一切知识都源于我们的经历。虽然哲学思想的出发点相似，但洛克和贝克莱却得出了截然相反的结论，前者主张物质的存在，而后者完全否定物质的存在。

对“概念”的探索占据了洛克哲学体系的中心，也同样存在于贝克莱哲学中，洛克支持笛卡儿创立的“概念运作模式”：我们在认识世界的过程中真正获得的是脑海中的概念或是储存于心灵中的一段经历，通过这些概念我们才能够进而认识到心灵之外的世界，他将思维过程解释为无意识地将简单概念（simple idea）进行叠加从而获得复杂概念（complex idea）的机械活动。例如，我们在认识“马”这件事物时，是将马的颜色、形状、大小等通过感官体验获得的概念进行叠加从而勾勒出“马”的形态，那么，在认识了“马”和“角”这两个复杂概念之后，我们能够再将它们叠加成“独角兽”。复杂概念可以拆分成简单概念，但简单概念不能继续进行分解，所以简单概念不能通过概念叠加或者衍生的方式获得，只能通过对世界的感知获得。那么，如果我们告诉一个从未看见过斑马的人所有斑马的特征（带着黑白条纹的像马的动物），那么这个人也可以获得一个对斑马的“大致”认识。但是，一个从未看见过红颜色的人却不能通过组合概念的方式创建对“红色”的认知。

本小节将重点介绍洛克关于“抽象概括性概念”（abstract general idea）的解释，贝克莱在著作中花费大量篇幅评论这一概念，这之后的半章篇幅将会介绍与洛克的“概念运作模式”相关的奠基性理论，了解这些理论对于理解贝克莱哲学具有重要的作用。

洛克思想的起点是关于语言的讨论，尤其是遣词造句的层面。他认为一切词句的意义都来源于其指代的对象，借用洛克的例子：当孩童学习“妈妈”这个词时，这个词对孩子来说具有意义的原因是该词象征着母亲。然而，如果我们给世界上的每一件物体一个名字，语言乃至思想本身都会变得异常冗余，这个时候我们就开始使用概括性词汇（如“大象”或“香蕉”）来指代同属一类的事物，而这些概括性词汇并不指代某一个特定个体（如“这一只大象”或“那一根香蕉”），而是指代所有同类个体的共同特征，其意义具有概括性，而人们无法仅仅通过这个概括性概念了解该词所示对象到底是印度象还是非洲象，它是不是长着长牙，因为这个概念仅仅记录了属于大象共有的特征，概念的指代内容是从所有大象个体的身上“抽象提炼”（abstracted）出来的。

本书第四章将会提到贝克莱否定人类可以使用（原话“构架出”）任何如洛克所述的抽象概括性概念，甚至从根本上否定词汇的意义来源于指代的对象，他将当时许多阻碍哲学发展的错误观念的产生归咎于洛克所述的这个已存在近百年的“抽象概念”的说法。

介绍完三位对贝克莱影响最大的哲学家以及他们的基本思想，接下来的一小节将会介绍17世纪的哲学大背景，尤其是当时盛行的哲学理念。

第四节　实体、物体和属性

物质最基础、最本质的组成成分称为“实体”（substance），实体与物体（object）之间的关系是17、18世纪的哲学家最关心的问题之一，物体的定义包括桌椅等日常所见事物。上文已提到笛卡儿认为世界上有两种最基础的组成成分——物质和心灵（matter and mind），接下来将会解释笛卡儿理论，而后将其与洛克的观点进行比较，他们两位的观点代表了当时哲学界关于“实体”的讨论中两个对立的派别。

笛卡儿对物质世界的解释是：整个宇宙由一种单一的物质成分组成，这种物质连绵不绝、无边无垠。听起来或许有些古怪，笛卡儿虽然承认物体（如桌椅、长颈鹿、人体、草木等）的存在，但他不认为桌椅等物体是宇宙的基本组成成分，组成这些物体的物质才是更基本的成分。这里的“物质”并不是用来制作桌椅的木头，而是所有物体共同的基本构成，这种物质可以组成木质桌椅、塑料桌椅，也可以组成棉花糖和蜘蛛网，笛卡儿将这种物质称为“物质实体”（material substance），同时他还认为物质实体最本质的特征是其“分布在三维空间中”。

按照笛卡儿的理论，桌椅等物体是存在的，但它们不是独立于物质实体之外的其他存在，它们是真实的，但却不是终极的存在形式。日常所见物件是物质实体在特定空间位置的特定表达形式，不同的物体（如桌和椅）是物质实体的不同的表达形式，借用笛卡儿的原话：特定的某个物体是物质实体的一种“样式”（mode）或“变体”（modification）。我们认为桌子和椅子是两样不同的事物，而笛卡儿则将它们视为同种物质的两种不同表现形式。

每件物体有各自的特征或属性（property），比如一张巨大的白色椅子以极快的速度穿过房间或是一张长圆桌散发出清漆的气味，笛卡儿有时就将拥有特定特征属性的一件物体称为该类物体的一个“样式”，如一张巨大白色快速移动的椅子就是椅子的一个样式。当涉及物质宇宙的基本构成时，笛卡儿认为这些桌椅的某个样式所展现的特征其实是分布在三维空间中的物质实体所表现出来的。此外，笛卡儿还认为物质真正的表象特征的数量其实是有限的，分布于特定位置的物质可以表现出形状、大小、运动状态的特征，但至于颜色和气味等则并非物质实体真正的表达形式，而是源于接受者自身的一种“反应”。

笛卡儿对心灵是什么、我的心灵和所有心灵的共性之间的联系以及我的脑中不同概念之间的联系也有独到的见解。笛卡儿认为物质世界只由一种成分组成，但非物质的存在却不是这样，每个思维都是不同的个体，心灵与物质组成了这个世界，而每一个人的思维都应该独立计数，我的心灵是上帝的一个作品，你的心灵也是上帝的一个作品，而所有的物质都不过是上帝的同一个作品。但是，所有的心灵也有一个共同的特征，那就是所有的心灵都会产生想法，也只有心灵可以思考。每一个想法，每一个概念，都是心灵的表现形式，这些想法和概念并不是独立于我的心灵之外的存在。概念是由心灵产生的，是心灵的存在形式，正如桌椅是物质的“变体”，概念就是心灵的变体。

笛卡儿对实体、物体和属性的解释与17世纪大学中教导的亚里士多德的理论大相径庭。在亚里士多德的理论中，物体的特征或属性，如颜色、尺寸和形状都是像箭靶子上的箭一样根植（inherit）于该物体之中的，该观点认为每个物体的每一个属性（即一支箭）都是一个附着于该物体的一个实体，而笛卡儿的观点认为物体的属性只是物体的一个表现形式，并不独立于该物体而存在。

洛克和笛卡儿在这个问题上也存在着分歧：首先，相对于笛卡儿的单一物质成分论，洛克认为物质世界的组成成分是多种多样的，一匹马是组成物质世界的一个部件，另一匹马又是另一个部件；水是部件，金子也是部件。洛克认为每一个物体都是独立的个体，也都是这个世界的组成成分。那么，洛克相信有一种更基础的组成物质世界的“材料”吗？他曾提出，我们之所以能够分辨出一匹马、一杯水，是因为我们将通过感知体验获得的属于马或者水的简单概念叠加起来，但他没有提出物体拥有某种属性必须以物体内存在某种“成分”为前提。在第三章中将会详细介绍贝克莱认同的一种对日常物体的本质的解释，它将日常物体看作可被人类感官体验感知的属性的集合。

洛克则（至少在一定程度上）相信世界上有超越属性集合的某样事物存在，这件事物“拥有”相关的一系列属性。洛克认为我们关于任何特定实体的概念包含两部分内容，一是对其属性的认识，二是一种模糊笼统的对于“属性的主人”的认识。洛克并未表明对实体的这一定义是出于亚里士多德派的观点还是笛卡儿的理论，值得一提的是洛克自己也认识到他的“属性主人”论存在漏洞，贝克莱则抓住其“模糊笼统”的特点否定了这种“属性主人”存在的可能性。

总结一下本小节内容，17世纪哲学界将宇宙的基本组成元件称作实体，有学说认为实体是日常物体（或各种物质事物），也有学说认为实体是心灵和组成日常物体或隐藏在日常物体表象之下，以该事物为表现形式的物质。心灵和日常物体都有属性和特征，比如桌椅（或是任何一堆物质）的尺寸、形状，又如心灵的不同想法和概念。同时，笛卡儿理论流派相信物质和思维的每个“样式”具有特定的属性，“样式”就是物质和思维存在的方式，也是它们的表现形式。

第五节　间接现实——关于人类认知的一种流行理论

“概念运作模式”认为概念，或是人类脑海中的思维活动是人类获得对物质世界的初步感官体验的原因，该学说由笛卡儿开创，后经过洛克继承发扬，启发了许多17世纪的贝克莱的前辈们，他们普遍认同用一种间接现实（Indirect Realism）理论来解释人类的认知过程。笛卡儿、马勒伯朗士和洛克的相关理论都可以说是间接现实的一个版本。间接现实理论认为，人们最终可以感知到外缘世界中存在的真实物体，如桌椅（这也就是间接现实理论的“现实”部分），然而我们通过第一次接触（或“直接接触”“即时接触”）认识到的是存在于脑海中的一个碎片（即我们常说的“概念”）。我们通过直接认识脑海中的概念才能最终认识到外缘世界的真实物体。也就是说，我们对外缘世界的桌椅等物都是间接地进行认识的（这就是间接现实的“间接”部分）。

与间接现实相对的是直接现实［Direct Realism（有时也称为单

纯现实）］理论，直接现实理论认为我们对真实物体的感知是直接的，认识过程没有该认知主体脑海中作为媒介的概念在起作用，认知主体直接认识认知客体。

间接现实有两大版本，分别是笛卡儿版和洛克版。笛卡儿版的间接现实也叫推理现实（Inferential Realism），他认为人仅凭感官无法真正认识真实事物，只有当心灵的理性部分对感官获得的信息进行处理后，人才能推理出该物体是什么。正如他著名的蜡块的例子，我们并不是直接地认识到蜡是具有一定形状和尺寸的分布在空间中的物质，真正的认知过程是首先我们的感官告诉我们蜡的概念以及蜡的属性的概念；其次我们通过仔细思考这些概念推理出“蜡”是什么。

而洛克版则常被称为表象现实（Representative Realism）。表象现实的观点认为我们通过用眼睛看、用手摸获得的概念“代表”了该物体的真实模样（至少代表了该物体的部分真实属性，这部分属性被称为该物体的“初级属性”）。至于概念是如何反映真实物体的，学术界尚存在争议，洛克的观点是，特质在人脑海中对应的概念就像一个个小拼图，而物体对应的概念就是由属性概念拼凑而成的一整幅图画，而物体对应的概念反映该物体的过程就如物体在镜子中产生了镜像，概念与物体之间的关系就好比镜中花水中月是花月的倒影这样的关系。

贝克莱反对间接现实理论，尤其是我们对外缘世界中存在的真实物体可以通过感知（尽管有可能是间接感知）进行认知的那部分内容。贝克莱反对推理现实的核心论点，即我们动用理性来推理物体的存在及其本质。至于在17、18世纪受到热议，也被许多奉行原子科学理论的科学家所宣扬的洛克的表象现实理论，贝克莱则进行了更为激烈的反驳。

第六节　初级属性和次级属性的比较

初级属性和次级属性之间的区别理论认为事物的表象与本质是不统一的，这一理论是早期近代哲学时期的重要理论学说之一，并且对后世的哲学和科学发展产生了深远影响，甚至于今天还在流行，前文所述三位哲学家都持有这一观点，洛克是三人中率先使用“初级属性”和“次级属性”这两个词汇的人，借用了朋友［因

“波义耳定律”（Boyle’s law）成名的］罗伯特·波义耳（Robert Boyle）的说法。

该学说的具体内容是物体的特征、属性可以分为两类。一把椅子可能拥有固定的形状、尺寸、颜色和味道这些属性，而其中某些属性是该椅子的真实属性，与椅子相互依存，无论是否有其他人或物与其发生互动（如人用眼睛观察椅子），这些属性都不变，那么这类属性就是“初级属性”。不同哲学家关于哪些属性应该归入“初级属性”的范畴有各自的标准，但基本上尺寸、形状、在空间中的延展性和运动状态是公认的“初级属性”。

但我们通过感官体验桌子时获得的某些体验并非来自桌子本身，这些属性特征是我们对桌子的一种反应，不是独立于感受者而存在于桌子自身的，这些属性就是桌子的“次级属性”。在笛卡儿提出概念运作模式理论之后，17世纪的哲学家往往将颜色、气味、味道、声音、温度等需要感知主体调动感官得知的特性认定为是人脑的感觉，也就是“次级属性”。

人们之所以认为颜色和声音仅仅只是我们对物体的感知反应是因为一种称为“感知相对性”（perceptual relativity）的现象。以颜色为例，我们看到物体的颜色是什么其实受限于感知环境，在不同的光照条件下或是不同视力状况的人看来，同一件物体展现的颜色是不同的。同一片云在地上的人看来是粉紫色的，对于刚好经过这片云层上方的飞机上的人看来则是雪白的，而在患有黄疸病的人看来则是黄色的。这种情况就是同一片云在不同的感知环境下展现出不同颜色属性的实例。17世纪的哲学家们大多认为颜色不能归入物体的真实属性，而仅仅是人与物互动过程中该物偶然展现的一个特点。相似的，所有“次级属性”都具有这种特点（第四章将会介绍贝克莱是如何改编这一论证来证明自己论点的）。

没有观察者，这个世界就没有颜色或声音，这种说法可能听起来很奇怪，难道颜色不是取决于物体反射光的波长吗？难道声音不是取决于一件物体发出的声波吗？难道不是只要该物体反射了光波、释放了声波，该物体就有了颜色和声音，和有没有观察者在旁边或是物体处在什么感知环境下有什么关系呢？一件物体（或者说物体表面的颗粒）反射的光波波长难道不是可以在一定程度上用来形容这件物体的自有特征吗？

照这样的逻辑问下去，认为要区别初级属性和次级属性的哲学家们或许也会同意像这样定义颜色、声音、气味、味道和温度未尝不可。但是，他们仍会坚持一点：我们对颜色的定义和我们通过感官了解的颜色之间存在差别。喜欢红色的人是喜欢红色物体表面的颗粒还是喜欢呈现红色的特定波长的反射光，还是该光线抵达视网膜后激发的神经冲动对大脑的刺激？然而这些定义都没有提到我们通过视觉体验到的物体的属性，它存在于观察者的大脑中，而这个属性才是某个说喜欢红色的人真正喜欢的东西，也只有这才能算得上是次级属性。

贝克莱不同意将物体属性归为物质自有属性和人脑对物产生反应属性这样的分类方法，他认为物体所有的属性都是人脑的感觉，根本就不存在独立于人类感官体验之外的物质自有的属性，他的想法其实是传承了马勒伯朗士的观点，马勒伯朗士虽然也将物质的特征分为纯粹的感知体验和真正存在于物件本身的属性两类，并认为后者是上帝揭示给我们的概念，但所有需要动用感官来觉察的属性［马勒伯朗士将其称为“可感属性”（sensible qualities）］仅仅只是感觉而已［马勒伯朗士将其称为“灵魂的变体”（modifications of the soul）］。贝克莱的观点也与此类似，并很可能是受到了马勒伯朗士的启发。

在第四章，笔者将会介绍贝克莱证明以上观点的论证过程，但在此，笔者首先要指出常有人质疑贝克莱有没有充分理解初级属性和次级属性的定义和区别。原因是洛克关于两种属性的定义其实与上一段的说法有细微出入。洛克有时将次级属性说成是人的感觉，而有时又将初级属性定义为物质的微观层面现象（如颗粒反射光线），将次级属性定义为人类对这些现象的接受与反应（如人类接受和识别光线的过程）。而洛克较为常见的对次级属性的定义是将其作为物体拥有的能够激起人类色觉、味觉或听觉感受体验的“配置”（dispositions）。

我们对于特定物体拥有特定特征的现象司空见惯，比如我们常说花瓶具有易碎的属性，如果我们把花瓶摔在地上，它容易破碎，我们将“易碎”当作花瓶的真实固有属性，即使它尚且完好没有展露出“易碎性”，我们仍然知道它有这个属性。此外，我们认为花瓶之所以有易碎的“配置”是因为其组成成分的特点所致，比如组成花瓶的物质的分子结构的强度等。沿着这个逻辑，洛克认为次级属性（如颜色）如果也是一种物体的“配置”，那么这些属性即使从未显露，依然真实存在（例如，如果一件物体的表面是蓝色的，那么即使没有任何人对这件物体进行观察，蓝色也是该物体的真实存在的属性），正如花瓶的脆弱性的存在基础是其组成成分的分子结构不强。总而言之，洛克认为物体的次级属性是其初级属性在微观层面的解释（例如，初级属性的尺寸大小取决于次级属性的颗粒数量）。

稍后笔者将会证明无论贝克莱是否误解洛克的初级、次级属性理论，都不会影响到本书需要进行的讨论。在此之前，请容许笔者介绍一下贝克莱的前辈们又是如何理解概念和感觉的。

第七节　概念和感觉

希望通过先前章节，读者们对概念（ideas）和感觉（sensations）在近代哲学中的重要性已经有了清楚的认识。但是不同的哲学家在使用这些术语时可能有表意上的不同，贝克莱也有自己的用法，接下来笔者将详细介绍笛卡儿、马勒伯朗士和洛克是如何理解概念和感觉的，借此我们就可以更好地体会贝克莱的思想与其前辈抑或是我们自己的思想的异同。

如今英语中的“idea”（本书中译作“概念”——译注）一词常用以指代我们脑海中产生的主意或想法，相对而言更多的是指动用智力进行思考产生的思维活动，而不是通过感官接收的对外界的感知［例如，我们会反对别人的想法（idea），认为那不是个好主意（good idea）］，但概念一词对于贝克莱的前辈们却有着更广泛的意义。笛卡儿、马勒伯朗士和洛克都将我们通过感官接收到的来自外部世界的信息称作概念，并认为其本质是人脑的活动，与人脑思维关系密切，没有人脑思维就没有概念，正如当今哲学家所言：概念是依附于人脑思维而存在的。笛卡儿和马勒伯朗士认为物质和非物质的存在是截然不同的两种事物，而且概念不是实物（non-physical）。在这个问题上，洛克还存有一点保留意见：他认为人们无法得知一个纯物质的实体有没有可能获得一个可以进行思考的心灵并产生概念。

前文中已提到笛卡儿认为概念是人脑思维或者灵魂的一个“样式”，是思维的一种表现形式，这也成了马勒伯朗士的观点，这样看来，他们并不将概念视为独立于思维以外的存在。而洛克谈到概念时则将其视作一种能在脑海中“播放”的“画面”，人的心灵将其视为其他事物，对其进行思考加工。他认为概念的储存场所确实是在人的心灵中，但却独立于心灵而存在。在这一点上，贝克莱的观点与洛克是一致的。

另一个在17、18世纪广泛认同的概念的特征是概念绝不可能

“出错”（false，引自笛卡儿）。不是说我们的想法永远是正确的或者我们永远不会出现错觉或幻想，而是说只要我们集中注意力，就不可能错误地解读自己的心灵思考的内容。举例来说，一个看到眼前出现粉色大象的醉汉认为自己产生了对粉色大象的感知概念这种想法没有错（但如果基于这个感知概念而相信眼前确实出现了粉色大象的话就是错误的），我们可以知道自己产生了一个概念并认识到这个概念是什么。马勒伯朗士认为我们对自己脑中的概念是拥有“完美认知”的，而贝克莱也赞同这个观点。

笛卡儿和马勒伯朗士都是理性主义者，他们将人类的概念分为两类，一类是我们通过感官获得的（笛卡儿常将这类概念称为感知概念，马勒伯朗士称为感觉）；另一类是我们动用自己的理性思考能力产生的概念（笛卡儿称其为智力概念，而马勒伯朗士则将其描述为纯智力非感觉的概念）。而另一方面，洛克是经验主义者，他否认我们自己可以产生与对外界的感知无关的纯智力概念，然而，他也将概念划分为两大类，“关于感觉的概念”（我们感知体验的基本组成部分）以及“反映现实的概念”（通过这类概念我们可以知道自己可以产生怎样的思维）。洛克同时也认为一旦心灵中储备了来自这两个来源的基本概念，我们就可以对基本概念进行整合与修正，从而产生对从未见过的事物的想象（如独角兽），以及通过汲取以往的经验来学习或想象从未经历过的事情。

笛卡儿、马勒伯朗士和洛克都将感觉视为概念的一个子类，包括通过感官对外界的感受以及各种体感，如饥饿、恐惧、愤怒、愉悦或疼痛。如今英语中的感觉“sensation”一词一般用来形容触觉，如刺痛，但在17、18世纪，该词的指代意义更加广泛，哲学家们通常会用它来形容所有第一手的感官体验，如听见号角声、尝到凤梨的滋味、闻见咖啡的香气或是看见晚霞、触摸天鹅绒的手感以及感受球的形状。

某些感觉既不能代表该物体的真实特性也不能反映出该物体的真实形态，这类感觉包括颜色、气味、味道、声音和冷暖（即所有次级属性），在这一点上笛卡儿、马勒伯朗士和洛克之间存在着共识［他们有时候将这些特质称为“感觉特质”（sensible qualities），这类感觉不能反映物体的真实特性，且只有在我们与物体进行互动时才能通过感觉器官觉察出来］。

笛卡儿和洛克则认为物体的某些真实属性是可以被人感知的，如形状、大小。笛卡儿的说法是，我们可以通过仔细思考和甄别这些感觉从而推断出物体的真实属性，比如我们可以用这种方式获知物体的尺寸、形状，而洛克的说法是我们对物体的尺寸和形状的感知可以十分接近该物体的真实尺寸和形状。

马勒伯朗士则不认为人们可以通过感觉了解物体的真实形态。回顾前文，我们可以知道他认为当人对物体进行过感知并仔细体会自己的感觉时，上帝会与感知者共享他关于物质的智力（非感觉）概念。我们能够认识这个世界不是通过自己的感官，而是通过获得上帝分享给我们的信息。于是，马勒伯朗士将“感觉特质”定义为所有我们通过感官感知的物体的属性，而这些属性都不源自于该物体本身，也不能正确地反映该物体独立于人物交互之外的自有特性。在这一点上，贝克莱同意马勒伯朗士的观点并将日常物件的属性定义为“感觉特质”。

马勒伯朗士还曾提出一个相关观点认为所有的感觉都是“无法描述”（indescribable）的，比如我们无法用语言准确描述出疼痛是什么感觉，红色是什么，其他人也无法通过物质世界或物体的特征准确描述认识到的世界或物质，人类只能通过自己的亲身体验才能真正了解某个感觉。

洛克理论与马勒伯朗士的共通之处在于洛克将所有的感觉都定义为简单概念，简单概念不能分解成更简单的、更基础的组成部分，也不能被分析、描述或想象。所以一个人无法通过告知的方式让另一个人知道某个简单概念是什么，因此，洛克也认为人类获得感觉的唯一途径就是体验。

我们通过感官体验获得的想法被称为感觉，人类可以获得感觉但是无法通过语言来描述，感觉只能通过亲身体验去获得，感觉不能带领人类认识物体的真实特征。很快我们将会了解到贝克莱对以上观点的评论。

贝克莱的哲学体系：内容与学习方法

第三章

本章将会继续介绍贝克莱实证哲学的主要特点，包括贝克莱对世界上存在的事物的解释以及人类的认知是如何产生的。第四章将详解贝克莱用来树立自己的哲学理论并驳倒非实证哲学派对手观点的论证过程与论证策略。如前言所述，笔者将会尽量将引用原著的范围限定在《原理》《对话》两书中，并且不会大段复述原文，而是给出页码以供读者朋友们自行查阅。

在解释贝克莱哲学体系中心教义的同时，笔者还会提供读者朋友们一些阅读和思考的切入点，以帮助各位判断自己是否接受贝克莱哲学，在阅读完本书第四章后，读者朋友们能够更深入地了解贝克莱是如何证明自己的哲学的正确性。本书的第一要旨是促使各位思考贝克莱哲学成立的可能性（或找出其观点的漏洞）：是赞同他在《原理》中描述的现实的终极本质以及人类在其中的地位，还是他的理论太过前卫与人们对事物的常识性认知难以相兼容令人无法接受？有学者认为贝克莱对世界的解释还不够完善，那么就让我们一起来探讨其理论是否还有深入发展的空间。如果我们形成了自己的哲学思想，是否会比贝克莱的更天马行空呢？

第一节　概念、想法与感觉

贝克莱的最终结论是否定一切物质存在可能性的非唯物主义以及认为日常物体都是头脑中的概念集合的唯心主义，而贝克莱哲学的发展历程与其前辈笛卡儿、马勒伯朗士和洛克一样，都是从“概念的运作方式”（way of ideas）为起点的。如同许多早期近代哲学家一样，贝克莱相信人类在与外缘世界的初步接触的过程中真正认识到的都是脑海中的概念，或者说是一些思维的片段（例见《原理》第一节、《对话》第230页）[①]，而贝克莱的创新之处在于他深入地剖析了这些概念的本质，而正是此类剖析使得贝克莱走上全面

---

① 关于引用著作的版本和页码等信息，请见书后参考文献中的具体说明。

否定物质存在的道路，并认为桌椅等物体虽然是真实的，但却不能独立存在于心灵以外。下面本书将深入阐述贝克莱是如何定义概念并解释其本质的。

贝克莱如何使用“概念”一词

贝克莱认为概念和心灵是仅有的两种真实的基本存在（例见《原理》第89页、《对话》第235页）。他认为概念和心灵本身就是实体，而不是其他更基本的事物的特征或表象，然而，概念必须依附于心灵才能存在，概念是思维性事物，与心灵的联系十分紧密，没有心灵就没有概念的产生，世界上不存在独立于心灵之外并与任何心灵都没有联系的概念。但贝克莱并不像前人笛卡儿或马勒伯朗士一样将概念当作心灵的一个变体，或者将概念视为心灵的活动或者产生的表象，而是将心灵与概念之间的关系比作观察者与观察对象的关系，在心灵开始活跃地进行认知时，概念就是人们的认知对象。

然而，概念并非心灵能够认识的唯一的思维性事物。和笛卡儿、马勒伯朗士和洛克等前人相比，贝克莱使用概念一词时所指代的对象范围更小。笛卡儿等人用概念一词来指代人类进行思考或进行感知活动时产生的认知；贝克莱使用概念指代的对象则通常是人类通过感官获得的未经加工的感受、人类的内在体验（如饥饿和愤怒）或是想象、整合与创新时的思维活动（例见《原理》第一节），贝克莱所指的概念也不同于通过理解学习概念以外事物获得的知识。

贝克莱还提出概念是完全“被动的”（原文见《原理》第25页、《对话》第217页），他的意思是概念没有能力改变其他事物，概念除了接受心灵的监督之外就是静止且孤立的，概念与心灵不可能相似：心灵是具有主动性的，具有改变其他事物的能力，所以概念既不是心灵的一部分，也不能反映出心灵的真实样式，被动的概念无法捕捉主动的心灵的本质，所以贝克莱认为人无法通过对心灵拥有“概念”来认识心灵（例见《原理》第27页、《对话》第231页）。如果感到“人类对心灵无法拥有概念的说法”难以消化，可以回顾贝克莱是如何限定概念一词的使用范围的：当人类通过感官接收来自外界的信息时、当人类经历体感和情绪如饥饿或者愤怒时、当人类将通过感官接收的信息进行整合和创新时，人类才会获得概念。贝克莱声称“人类无法对心灵产生概念”，其实是指人类不是通过以上三种途径的任何一种来认识心灵，而不是说贝克莱否认人类可以获得与心灵相关的想法或者知识。

贝克莱如何使用"感觉"一词

贝克莱将人们通过感官获得的感知称作"感知概念"（ideas of sense），更精确地说应该是：感知概念都是感觉（sensation），研究贝克莱的学者常常忘了贝克莱将所有人类通过感官对世界的直接认知都视为感觉，人们通常认为贝克莱将通过感官获得的认识称为概念，但其实更确切地说，贝克莱将感觉看作一种特殊的概念，只有明确了这一点，大家才能更好地理解贝克莱哲学。

贝克莱认为人们认识到的是感觉，这一观点与笛卡儿、马勒伯朗士和洛克的看法一致，但贝克莱与前人的不同在于贝克莱对感觉的本质的看法，他认为人类的感觉不可能真实反映出独立于心灵以外存在的物体，甚至连相信世界上存在独立于心灵之外的物体这个想法本身就不符合事实。这部分理论将会在第四章进行详细讲解，本章中笔者希望厘清一点重要的前提：贝克莱将"感知概念"，即人们获得的认知都称为感觉。

贝克莱沿袭了笛卡儿、马勒伯朗士和洛克的观点：人类认识到的是感觉。但贝克莱与前人的不同之处在于他对感觉的本质的理解，贝克莱认为从感觉的本质出发来看，人类的"感知概念"是无法代表独立于心灵之外的物体的，甚至原本就不存在独立于心灵之外的物体，第四章将会详细介绍贝克莱的这一思想，但需要本章的一些铺垫，那就是贝克莱将“idea of sense”（获得的感知）定义为感觉。

贝克莱确实曾提出人类获得的感知不仅仅是概念，更是感觉。一方面，贝克莱用以指代感知的词汇相当之多，有“可感事物”（sensible things）、“可感物体”（sensible objects）、“感知概念”（ideas of sense）、“可感印象”（sensible impressions）、“印刻在感官上的概念”（ideas imprinted on the senses）等。因此，贝克莱有时用“概念”，有时又用“感觉 ”来指代人类的认知产物，这在未透彻理解贝克莱哲学的人眼里看来就产生了歧义，似乎贝克莱认为人类的感知体验要么是概念，要么是感觉，这可以产生另一种解读：人类的某些感知体验是概念而不是感觉。然而，在仔细研究《原理》和《对话》之后，我们可以得出结论：贝克莱在提到人类感知是“概念”或“感觉”时，他的本意都是指“感觉”，因为贝克莱将“感觉”视为一种特殊的“概念”。例如，《原理》第18页，贝克莱称人类“获得感觉、概念或是能够直接接收的信息，无论怎么称呼它们都可以”，而在《对话》第197页，贝克莱借海拉斯之口对斐乐纳斯说“通过详细地观察自己的心灵，人们不会产生任何新的发现，除了意识到一件事情，那就是‘我’是一个会思考的，不断获得感觉的存在”，借此贝克莱清楚地表明人们认识到的是感觉。

我们认识到的是感觉

贝克莱所言“人类直接认识的是感觉”应当做何解释？贝克莱对感觉的理解是什么？感觉的本质又是什么？首先，与17世纪的前人相比，贝克莱使用该词汇的范围更广泛，不仅包括了痒之类的体感，还包含了基本的有意识地获得的体验。

以视觉举例，贝克莱认为当人们的视觉中出现“桌椅”的形象时，其实并不是看见了物质的桌椅，而是视野中的色块排列（例见《原理》第一节、《对话》第197页），然后人们的心灵自动地（且通常是瞬时地）将有特定色块排列的画面解读为具体的物件。

但即使心灵完成了如上解读，还是没有改变人类通过视觉获得的仅仅只是有特定色块排列的画面这一事实，这些色块告诉我们周遭世界存在着物体，根据物体的大小和距离，不同的色块可能在人们的视野中会占据更大的篇幅或拥有更鲜明的边缘，而有些色块可能在视野中移动，这种移动可以是色块代表的物体在移动所引起的，也可能是因为观察者移动视线导致的。总而言之，人们视线所能接收的信息就是色块的排列。

要理解这一理论，可以类比看画展或者电视的体验，在心灵对我们看见的画的内容进行加工前，我们看见的仅仅只是帆布上的一堆堆油彩或者电视屏幕上显示的一个个像素点。油画和电视与我们的视觉类似，油画上面的油彩有大有小，电视屏幕上的同色区域也有大小，有些色块的边缘更加明显，电视机上的像素集也会运动。通过这样的方式，油画和电视屏幕可以展示物体的形状、大小以及远近，但所有的画面在经心灵加工之前，视觉接收到的都只是一块块油彩的组合。

根据贝克莱的说法，人类看见某种颜色时会激发某种感觉（例见《对话》第197、201页），或者说，看到绿色会激发与绿色相关的感觉，看见红色会激发与红色相关的感觉。同时，人类关于颜色的感觉与痛觉、快感一样都属于显意识的体验，这类感受的本质是心灵的碎片，其特征以及定义方式就是人们对其产生的感受。贝克莱关于这类感受的本质的定义稍后将会介绍，现在只需记住贝克莱将人类视觉接收到的色块排列视为一系列对颜色的感觉即可，而人类看到的颜色的尺寸、形状也是对颜色感觉的集合。

其他感官的感知原理也与视觉类似，当人们通过触摸、倾听或品尝去感知这个世界的时候并不是直接感知到了存在于外缘世界的物体，而是获得了一系列听觉、嗅觉、味觉和触觉的集合（贝克莱的原话是“可感特质”），这些在贝克莱看来都只是感觉，比如鸭绒被的温暖、号角的声音、新磨咖啡的香气或是柠檬的酸味（例见《对话》第197页）。

贝克莱认为，来源于感官的感觉与痛觉、快感同属人类心灵的片段，其本质是人类的主观“感受”，是显意识的主观体验，一种感觉只能通过一种对应的感官获得（只能通过体验者的主观感受来形容，如今常被哲学家们称为现象属性或者定性属性）。

从贝克莱的说法看来，我们可以看得出贝克莱将感觉（包括感性知觉）都归入如上所述的显意识体验中（例见《原理》第三节、《对话》第197页）。也就是说，贝克莱认为感觉的本质和定义都是感知者的主观感受。

贝克莱和许多近代哲学前辈一样都将感觉定义为依附于心灵的（mind-dependent），感觉是思维性事物，与心灵有着本质联系，上文已经介绍过贝克莱将感觉看作一种特殊的概念，而正因为概念是离不开心灵的，正如贝克莱所言，概念的本质是被感知，自然而然地，感觉的本质也是被感知，其存在的前提之一就是被心灵感知（例见《原理》第三节、《对话》第230页），如果没有心灵，也就没有概念和感觉。无论是显意识的体验还是感性的感觉，无论是听见号角声还是感觉到疼痛或者喜悦，凡此种种都离不开心灵。

然而，贝克莱却坚信感觉一定是真实的（例见《原理》第90页、《对话》第249页），贝克莱这一观点的提出或许是为了两个目的：第一，他不希望人们认为“仅仅存在于人类头脑中的事物”是虚无缥缈的，却把人类头脑之外的物质世界当作真实的存在，贝克莱担心如果不强调人类心灵的内容（如感觉）的真实性，将会无法有力地反驳相信物质存在的世界观。

第二点原因更加具体，回忆前文贝克莱提到概念和心灵是仅有的真实存在的两种事物，而感觉是概念的一种，通过强调感觉的真实性，贝克莱或许希望告诉人们概念并不是心灵的样式，也不是心灵存在和表达形式，概念更不是其他更加真实的实体的某个特征，概念本身就是一种独立且真实的存在。

贝克莱还接受了笛卡儿和马勒伯朗士关于人类可以完全认识感觉的观点（例见《原理》第87页、《对话》第238页），由于感觉的存在是基于人类对其产生感知的基础上的，并且人类可以立刻知道自己真正拥有什么样的感觉，所以人类不可能错误地认识自己拥有的感觉。举个例子，如果张三正遭受一阵剧烈的牙疼，李四不可能知道张三是否正在经历牙疼，无论李四说张三牙疼还是说张三不牙疼，都没有任何意义。虽然张三可以告诉李四自己牙疼，但是张三的描述不一定完全切合实际。因此，贝克莱也承认人们通过感觉未必能够真实地感知世界（例见《对话》第238页）。但是，此处贝克莱想要强调的重点是，人类关于自身感觉的认识是准确且清楚的。

贝克莱认为人们可以直接认识到感觉，并且人们能够直接认识到的就是感觉本身。举例说明，当人们闻到咖啡的香味时直接认识到的就是一种嗅觉，虽然在闻到咖啡的香气后往往会想到旁边有咖啡存在，但是对咖啡存在的认识是间接的，闻到咖啡的香味并不一定是因为附近有咖啡，人们在闻到咖啡味的同时能够立刻认识到的就是咖啡味本身。贝克莱还指出，区分“感觉”和“感觉的来源”也是一种谬误（例见《对话》第194—195页），也就是将感觉视为一种存在，而将“产生感觉的物体”视为另一种存在。

贝克莱对感觉的解释中有一点非常关键，那就是“除了某一感觉之外再没有‘像’这一感觉的事物”（其实贝克莱常用的说法是

“除了某一概念之外再没有‘像’这一概念的事物”，但根据语境可以推断出贝克莱使用“概念”一词时更确切的指示对象就是“感觉”，例见《原理》第90页、《对话》第206页），这一观点或许可以称得上是整个贝克莱理论的核心。回到牙疼的例子，贝克莱认为在独立于心灵和显意识体验的外缘世界中不可能存在一样类似于疼痛的东西“给予”张三牙齿疼的感觉。同样的理论也适用于所有其他的感觉，如红色的视觉、号角声的听觉、品尝柠檬时的味觉等，在心灵之外的外缘世界都不存在类似的事物。

更具体地说，贝克莱认为一种感官感受到的感觉不可能“像”另一种感官感受到的感觉。首先，人类五种感觉相互之间是独立存在的，是各自不同的感觉（例见《原理》第44页、《对话》第206页），就像视觉和听觉之间没有相似性，触觉、听觉、嗅觉和味觉等感觉也没有与之类似的感觉。贝克莱认为，红色的视觉和号角声的听觉之间没有关联（这一说法与某些学者有异）。或许人们可以同用一个“亮”字形容视觉和听觉的感受，如明亮的色彩或清亮的乐声，但实际上色彩和乐声之间没有相似性，两种感觉有着完全不同的规律和特征。

因此贝克莱认为，无论是（作为一种与心灵紧密联系的显意识体验的）人类的感觉本身还是感觉产生的原因都不存在于与心灵无关的外缘世界，也不存在“像”感觉的事物。

当然我们都认为这个世界上存在着许多独立于心灵之外的事物，这些事物“使”人们经历各种感觉，但贝克莱的观点是这些“事物”都和我们的感觉没有相似性。比如人们看见红色物体的一种解释是该物体表面的颗粒反射的红色光抵达人们的视网膜刺激视神经并激发了神经冲动，神经冲动抵达大脑使人们产生了视觉。贝克莱则不认同这一说法，在他看来人类产生感觉并不是这样的过程，感觉产生了，人类感知到了，这就是全部，没有类似于这个感觉的事物作用于某个感知“过程”。这就是为什么他说除了某种感觉之外没有“像”这种感觉的事物。

现在人们已经了解了贝克莱将感觉视为人类心灵中的显意识经历，他还认为除了某种感觉之外没有“像”这种感觉的事物存在，贝克莱同时还认为如果人类想要获得对任何一种感觉的认识只能通过亲身体验相关感觉（在《视觉论辩释》中贝克莱明确地提出了这一观点）。如果你想知道红色是什么感觉，必须亲眼见过红色，也只有亲眼见过那个颜色，你才能获得对这个颜色的认识。在此，贝克莱举了一个盲人的例子：一个出生就双目失明的人永远也不可能理解红色是什么，因为这个人无法获得相关的显意识体验（例见《原理》第77页）。

有观点认为贝克莱相信“一个人无法从第三者的角度充分描述一个感觉是什么或者某个物体是什么样子”（贝克莱虽然并未明确表达这一观点，但可以从其对所定义的感觉的本质推测他持有以上观点，这一观点也在当时普遍流行）。就以红色举例，无论是对红色如何进行科学的定义或解释，如将其描述为特定波段的波长或是物体表面颗粒的特性，都无法准确反映红色这种视觉给予观察者的感受。如果想要正确地解释或者描述红色给人的感觉，必须借助于感知主体的主观显意识体验，比如，有位眼疾患者向你描述自己的眼睛“疼得好像拿手指戳进眼珠子里”，然而你从未有过“用手指戳眼珠”的经历那就无从得知体验者的主观感觉，这个描述也就是毫无意义的了。

贝克莱将人类获得的未经加工的感知体验定义为感觉，这一定义是贝克莱哲学体系的核心，第四章将会深入探讨这一观点从而更鲜活地向大家展示非唯物主义与唯心主义。现在，我们已经了解了贝克莱对感觉的解释，我们继续看看什么在贝克莱眼里仅仅只是感觉，以及人类是如何获得相关感觉的。

第二节　日常事物的属性以及人类对其的感知过程

贝克莱是唯心主义者，他坚信日常事物如桌椅等不过是人脑中的概念，甚至于外缘世界中的一切事物都不过是概念的集合，更准确地说是感觉的集合（例见《原理》第1节、《对话》第249页）。从蝼蚁到大象，从桌椅到星辰，甚至于人的身体都只是感觉的集合，是来自感官的概念，并且正因为感觉是与心灵密不可分的，所以由概念组成的日常物体也是依存于心灵的，无论是大象、香蕉还是耳朵，都是思维性事物（mental items），其存在与心灵紧密相连，没有心灵，也就没有这些物体。同时，这个世界上也没有独立于心灵之外存在的大象、香蕉或者耳朵。

但是我们还需要搞清楚贝克莱的“所有日常物体都是感觉的集合”究竟是什么意思。借用贝克莱在《原理》一书正文第一节中的例子，一个苹果是由人的一系列感觉组成的：苹果的视觉、香味、味道以及苹果握在手里的触觉等，因为这些感觉总是一起出现，所以我们将这些感觉辨识为一个整体。正如贝克莱在《视觉新论》中指出的，将一同出现的一组感觉整合起来并将这组感觉解读为物体是人类在儿时学会的技能，而我们能够这么做的一个原因是针对同一类物体的感觉集合中的感觉组成总是很稳定，同类物体出现时总是带来特定的一系列感觉，比如苹果的视觉常常伴随着苹果的嗅觉、触觉和味觉一起出现，苹果的实质就是特定的视觉加上特定的味觉加上特定的手感等。

因此，贝克莱将物体的不同属性或特质，如颜色、尺寸、形状等定义为感觉（例见《原理》第99页、《对话》第249页）。事实上这些属性就是组成该物体的感觉集合中的一个感觉。物体的外观就是其属性集合中可以通过眼睛接受的感觉，气味就是其中可以通过鼻子接受的感觉，温度和触感就是其中可以通过用手触摸获得的感觉，味道就是其中可以通过舌头获得的感觉。

贝克莱在《视觉论辩释》中对物体的视觉尺寸与触觉尺寸进行了区分：物体的尺寸和形状也是人的感觉（例见《原理》第5节与第87页），触觉尺寸就是我们通过用手触摸得知的物体尺寸形状，而视觉尺寸则是某一颜色在我们的视野中的分布情况。当然，颜色的分布与触觉反馈的信息之间完全没有相似之处。人们通常认为除了可以通过触摸来认识到物体的形状、尺寸，还可以通过用眼睛看，并且我们看到的和摸到的是同一个尺寸和形状特征。但贝克莱告诉我们，这种想法是一种误区：物体的视觉尺寸和形状不是可以通过触觉获得的感觉，因为视觉尺寸和形状由对颜色的分布的感知，通过用手触摸无法得知颜色的分布，反之亦然。因而“我们用眼睛看到的和用手感觉到的是同一个大小尺寸特征”的普遍认知在贝克莱看来是不严谨的说法，而人们之所以常产生这样的认知，是因为关于物体大小尺寸的视觉感受和触觉感受常常是同时出现的，为了方便起见，人们自然而然地将两种感觉混为一类了（见《视觉论辩释》）。

在坚持“物体的所有属性都是感觉或感觉的集合”这一观点的同时，贝克莱还抨击了传统的“初级属性与次级属性”的理论，该理论认为物体的某些属性是心灵中的感觉，这类属性属于次级属性，而另一些属性则不是，另外的这些属性属于初级属性（例见《原理》第九至十节、《对话》第187—188页）。贝克莱认为物体的所有属性都是心灵中的感觉，在本书第四章中将会介绍贝克莱是如何论证这一点的。

所以，贝克莱所理解的物体的属性与物体的关系既不是亚里士多德版的“针和针插”，也不是笛卡儿版的“实体与模式”，而是部分与整体的关系。日常物体在贝克莱看来是感觉的集合，而集合中的感觉就是该物体的属性。

已知贝克莱认为包括感觉在内的概念必须被感知才能存在。也就是说，心灵认识或者“拥有”该感觉时，感觉才存在。而既然日常物体都是概念的集合，那么这些物体，例如，桌椅必须被感知才会存在，也就是只有当心灵认识到桌椅时，桌椅才存在。贝克莱的说法是日常物体以及其属性与概念类似，其存在的前提就是被感知——存在就是被感知（例见《原理》第3节、《对话》第230页和第234页）。概念（或曰感觉）以及日常物体及其属性的存在就是被感知这一说法可以称得上是贝克莱哲学的标志，有时候简称为“存在即被感知”理论（esse is percipi，要注意的是贝克莱的原话从未使用纯拉丁语“esse est percipi”）。因此对于贝克莱而言，这个世界上不被心灵认识而存在的日常物体是不存在的，也不存在不依存于心灵而独立存在的概念或物体。

有了前文的铺垫，现在我们可以开始了解贝克莱对人类如何认识日常物体的解释以及解释感官知觉的总括性理论。根据前文所介绍的贝克莱理论，人类接受的未经加工的感知叫作感觉，每一种感官产生的感觉都是独一无二的，不可能由其他的感官产生。在接下来的章节中，我们还会继续介绍贝克莱对瞬时感知（或称直接感觉）和延迟感觉（或称间接感觉）的定义与区别。

人的瞬时感知或称直接感觉是在感觉产生的瞬间就被人立刻认识到的感觉，例如，我睁开眼睛的一瞬间立刻就感知到了颜色感觉的排列（颜色矩阵），感觉的量是稳定的，不增也不减。同样的，通过皮肤获得的触觉、通过耳朵获得的听觉、通过鼻子获得的嗅觉以及通过舌头获得的味觉都是可以直接感觉的感觉。

至于延迟感觉（或称间接感觉），贝克莱的定义是人类的心灵在接受瞬间感觉的同时自动回忆起的从前所经历过的其他感觉（例见《原理》第33页、《对话》第204页），尤其是那些在记忆中往往伴随着当下获得的瞬间感觉一起出现的感觉。例如，当我们看到一个苹果时，苹果的味觉常常会伴随着苹果的视觉一起出现，那么下一次我们再看到组成苹果这一形象的颜色矩阵排列图时，就会马上自动回忆起苹果的味道，贝克莱将这个过程称为“暗示”（suggestion）。通过暗示的运作，人们就可以间接或说延迟地获得当下没有直接获得的感觉（例见《原理》第43页、《对话》第204页）。

值得注意的是“暗示”只能带领人们间接或延迟地重拾曾经有过的感觉，因为获得间接感觉的方式是回忆。这些感觉是存在于想象中的，所以贝克莱将这些回忆起来的感觉称为“想象概念”（ideas of the imagination）。但是也要注意贝克莱当时使用的想象一词的含义与现在的完全不同，当时的近代哲学家们使用“想象”一词时指的是“画面”（image），贝克莱认为获得认知体验时，心灵就会回忆起我们曾经有过的感知概念或者通过结合从前经验与当下感知而产生新的概念（比如将马的下半身与人的上半身结合创造出半人马的概念）。但是贝克莱及其前人所使用的“画面”一词并非仅仅指代视觉。“画面”一词其实包括了被当下概念激发的回忆中来自任何感官的感觉，比如当下或者回忆中听见过的声音就是听觉画面（也就是一个对声音的感觉）。

贝克莱坚信，我们通过回忆从前经历中的感觉（也就是延迟感觉或者间接感觉）而获得的“想象概念”本身也必然是感觉，原因是贝克莱认为这些“想象概念”是曾经的感觉的复制品，而又因为“除了感觉再没有类似感觉的事物”。你也可以将通过回忆过去的感觉所获得的概念想象成原版显意识体验的褪色版本。

事实上贝克莱将间接感觉定义为感觉这一步是至关重要的，

因为他认为人可以通过认识直接感觉间接地去感知日常物体，引用《对话》第204页中的例子，当我听见马车的声音时，我能够立刻认识到的是这个声音本身，这种认知是百分之百的完全认知，然而，这个声音会使我的心灵产生对马车本身的认识，这是因为在我的回忆中，马车和马车的声音之间存在着密切联系。

在一定程度上，贝克莱将间接感觉定义为感觉是为了把人类在感知过程中认识到的一切都归为感觉，从而将所有日常物体都定义为感觉（的集合）。虽然贝克莱本人的表达没有这么直接，但我们可以根据他的说法推断人们直接或者间接认识到的都是感觉；人们是间接认识桌椅等日常物体的；由此得出结论，桌椅等日常物体仅仅只是感觉（的集合）。

人们之所以能够延迟或间接地认识到某件日常物体的原因是获得了某些瞬时感觉，比如听见了马车的声音因此联想到了其他的感觉比如组成马车的颜色矩阵图。而正是人类当下感知的瞬时感觉（或称直接感觉）加上回忆中的延迟感觉（或称间接感觉）的组合构成了这一马车。当我现在听见马车的声音时，我并没有直接认识到该马车，我所直接认识到的一切不过是某个对声音的感觉，当然完整的马车不仅仅包括其声音，马车是其声音、外表、手感等的组合。然而，正是通过我当下对马车的声音的感觉使我回忆起所有组成马车的感觉集合中的所有感觉，这就是我对马车本身产生认识的过程。

贝克莱如其哲学家前辈一样，给我们提供了一个关于感官对日常物体的间接感知理论，认为人们先直接认识感官输入的信息然后才间接地认识到日常物体。但贝克莱与笛卡儿、马勒伯朗士和洛克之间的分歧在于贝克莱否认人们间接感知到的物体是物质性的，不依赖于心灵的存在，而是感觉的集合，并且感觉集合中的某些感觉并非来源于人们当下知觉的感觉。

总而言之，我们将通过任何一种感官获得的对当下的认识称为感觉（或称瞬时感觉或直接感觉），某一感官提供的感觉是唯一的，也是无法由任何其他感官提供或模拟的，例如，视觉是对颜色的感觉，而听觉是对声音的感觉等。但是在获得直接感觉的同时，人们也可以通过“暗示”获得间接感觉，间接感觉是对过去经历过的感觉的复刻。桌椅之类的日常物体是感觉的集合，其中许多感觉是我们在当下立刻获得的，而另一些则是由于瞬时感觉的暗示而从回忆中提取的，正因为感受桌椅之类的日常物体需要我们通过心灵提取过去经历中的某些感觉（延迟感觉或间接感觉）。贝克莱对日常物体的标准定义是直接感觉和间接感觉的集合，到目前为止的理论还算容易理解，但接下来的内容或许会令各位感受到一些难度。

严格地说，只有直接感觉才能算作真正的感知

读者们有时发现，贝克莱在书中时常强调："严格地说，我们只能通过瞬时感觉或直接感觉真正认识世界，而通过延迟感觉或间接感觉无法真正获得对世界的认识。"（例见《对话》第203—204页）在马车的例子中，贝克莱认为"我们对马车的存在不是直接认识到的，而是通过经验的'暗示'认识的。人们声称自己认识到马车的存在其实是不严谨的"。这听起来或许有些奇怪，我们可能会认为当我们听见马车的声音时，我们当然是对其产生了感官上的认知。

其实贝克莱说，从严格意义上无法感知到马车的真正含义是因为我们感知的不是"完整"（totality）的马车，我们的瞬时感觉，无论听觉、视觉或是触觉，都不能反映完整的马车本身。在这个例子中，我们认识到的是马车的声音，而不是马车本身，因为完整的马车不仅包括了马车的声音，还包含了许多其他的元素。

因此，贝克莱的"严格意义"是对感知类型的限定，贝克莱将

其限定为直接的感知：当下活动给我们的感官带来的直接感觉。因此，当贝克莱提到从严格意义上说人们没有真正认识到马车是指人们没有立刻、直接地认识马车。贝克莱使用“认知”（perception）一词的指代意义比较宽泛，不仅仅指获得瞬时感觉的过程，有时也指获得延迟感觉的过程［也就是那些因当下的感觉而联想或回忆的感觉（例见《对话》第204—205页和第255页）］。在马车的例子中我们可以通过回忆获得一些间接感觉，这些因联想或回忆而来的间接感觉可以归入“严格意义”限定前的宽泛的感觉。总而言之，虽然贝克莱称严格意义上而言，我们没有感知到马车，他的原意是我们没有“瞬时或直接”地感知到马车，贝克莱承认此时的我们对马车是有着延迟或间接的感知的。

日常物体是被直接认识的吗?

如前文所述，贝克莱认为桌椅之类日常物体是通过延迟感觉或间接感觉为人所感知的，但他有时又称日常物体是借由瞬时感觉为人所感知的（例见《原理》第38页、《对话》第230页），这种前后矛盾的说法可能会使读者产生困惑，那么于贝克莱看来人类对日常物体的感知究竟是通过瞬时感觉还是延迟感觉？这个问题有两条解释，其中一条来自贝克莱的原著之外，而另一条则出自其原著。

贝克莱原著之外的解释是：贝克莱将日常物体看作概念的集合，集合中的部分概念是直接获得的，而另一些是通过暗示间接获得的。我们对物体的直接感觉仅仅只是反映了该物体的一部分。当我们看见房子时，我们所看见的其实只是房子的最外面的墙砖的表面，借用贝克莱的说法就是，我们直接获得的对房子的感觉是组成房子完整概念集合中的一个，因此我们在认知活动发生的当下真正认识到的，从严格意义上讲仅仅只是认知客体的一小部分。因为人们对房子的其他部分并不是瞬时直接地认识到的，所以人们并没有直接认识到“完整”的房子，对房子的完整概念集合中的其他部分我们只能通过间接感觉去想象，也就是说，贝克莱认为日常物体都是通过间接感觉认识到的。这也就解释了贝克莱在用何种感觉去认识物体这个问题上的矛盾态度，他之所以说人们可以瞬时直接地认识日常物体是因为人们可以用感官直接认识物体的某些部分，而之所以说，人们不能瞬时直接认识日常物体是因为该物体的某些部分人们必须通过暗示调动其他与该物体相关的间接感觉才能获得认识。

另一条解释则来源于贝克莱的原著，许多章节都暗示贝克莱持有这样的观点：“贝克莱认为所有的感觉都是或曾是瞬时感觉”

（例见《对话》第230页），在贝克莱看来，我们的延迟感觉（因眼前的瞬时感觉对我们的暗示而唤醒的记忆中的感觉）是对我们在曾经某个时刻的瞬时感觉的复制。这样一来，我们对桌椅等日常物体的认识都是由（眼下或过去的）瞬时感觉组成的。

而在贝克莱使用严格意义上来进行限定的语境中，我们能够立刻感知到的仅仅是眼前的感觉，同时，日常物体都是通过延迟感觉来认识的，但是我们“不严格”地说也可以认为它们是通过（眼下或过去的）瞬时感觉被认识的，我们认识的物体就是（眼下或过去）获得的瞬时感觉的集合。

贝克莱对物体同一性的解释——比如同一件物体在不同观察者眼中的区别

本节中笔者希望读者思考一个由贝克莱对感官知觉的解释产生的问题：如果说日常物体是概念的集合，那么不同的人怎么能够共同感知同一件物体呢？同一个人在不同的环境下又是否能够感知到同一件物体？在感知某一特定物体时，张三的脑中有张三的感觉，而李四脑中有李四的感觉，那么为什么说张三和李四感知的是同一个物体呢？同样的，当张三通过显微镜观察某件物体时，产生了一系列感觉，而当他使用裸眼看同一件物体时又产生了别的感觉，甚至于当张三用眼睛看这件物体或是用手触摸这件物体产生的感觉也不同，也就是对同一件物体的视觉和触觉是不同的，在上述的这些情况中，由不同的观察者观察或是在不同的观察条件下，相关观察客体存在同一性吗？人们通常习惯性地认为同一件物体被不同的人观察或是在不同的条件下进行观察，都还是那件物体，但贝克莱的哲学理论却似乎与人们的这一传统观念相抵触。总之，让我们先来了解贝克莱能否为我们带来对物体“同一性”（identity）的解释。

贝克莱著作的某些章节中认为上述这些情况中都不存在观察客体的同一性，如贝克莱称：“严格地说”我们通过视觉和触觉感知到的并不是同一件物体，并且通过显微镜或是使用裸眼观察的也不是同一件物体（例见《对话》第245页）。但其实此处贝克莱所言“物体”指的不是桌椅等日常物体，而是我们在感知活动（如使用显微镜或裸眼的观察活动）中获得的瞬时感觉，而正如前文所述，贝克莱对视觉的解释是颜色的感觉的矩阵排列，而我们触摸时则是获得触觉的排列，从严格意义上而言，人们无法通过视觉和触觉感知到同一件物体，正如使用眼睛无法产生触觉，皮肤的接触也无法产生视觉一样。因此，人们通过显微镜和裸眼无法观察到同一件物体，因为两次观察得到的视野中的颜色的分布和排列是不同的。在贝克莱的“人们无法通过视觉和触觉，或是通过显微镜和裸眼感知到同一件物体”这一观点中的“物体”一词与通常人们所使用的“物体”不是一回事（尽管贝克莱本人并未明确表达这一点），前一个物体指的是在感知活动中的当下获得的感觉。

但是在其他一些章节中，贝克莱又承认不同的观察者可以感知到同一件（日常）物体，而在不同的感知环境下或是使用不同的感官进行感知的同一个人也可以感知同一件（日常）物体（例见《对话》第245—248页）。我们知道贝克莱所做的瞬时感觉与延迟感觉的区别，以及他将人们对桌椅等日常物体的感知过程看作间接感觉在发挥作用。虽然从严格意义上而言，我们不能通过视觉或触觉等感知到同一件物体，但是我们可以通过延迟感觉感知到同一件物体。

贝克莱将日常物体定义为概念的集合，其中包括当下获得的概念和来源于回忆中的概念。因此日常物体，如一个苹果不仅仅是我们在观察的当时获得的对其的感觉（如视觉或触觉），例如，当我看苹果时，无论我如何仔细观察，我只能获得一些色彩的排列矩阵，我的心灵需要调动其他的间接感觉才能认识这个苹果；而且当我获得对苹果的视觉感知的时候，我的心灵就会自动地调动与苹果相关的间接感觉。比如当我看见一个苹果时，我的心灵就会自动地告诉我苹果的味道，这种感觉的自动调用是基于我一直以来的经验的，也就是说我一直习惯于这两种感觉的同时出现。

贝克莱之所以说我们可以通过视觉和触觉感知同一件物体是因为我们获得的视觉和触觉都同属于同一个感觉集合，而且无论是当下获得的瞬时感觉或是调动出的回忆中的延迟感觉也同样属于同一个感觉集合。

类似地，张三和李四也可以感知到同一件物体，因为张三脑海中的概念和李四脑海中的概念虽然存在于各自的概念库中，但也都同属于组成该物体的概念集合中。而张三和李四在感知时调用的间接感觉也在历史的某个时刻是对同一物体的直接感觉，属于组成该物体的概念集合，因此张三和李四通过间接感觉或延迟感觉也是可以认识同一件物体的。

同样，通过显微镜和裸眼也可以观察到同一件物体，因为无论是用显微镜观察还是用裸眼观察获得的视觉都属于同一个概念集合，而且无论是通过显微镜还是裸眼进行观察时被唤醒的间接感觉或称延时感觉也都是在过去某时刻的属于同一个概念集合的直接感觉。

以上即贝克莱对物体同一性的解释，贝克莱提供了一条建立不同个体感知到的对象间的同一性、同一个个体在不同感知条件下感知到的对象间的同一性的方案。要理解贝克莱对物体同一性的解释，关键在于贝克莱将日常物体看作是概念的集合，而这一集合中的所有概念不是某个感知主体在某一次感知活动中可以全面地获得的，这一集合包含了所有感知主体在所有感知活动中获得的所有概念。因此，不同的人可以感知到同一件物体，即使他们每个人都产生了各自的感知概念（所有这些概念都属于同一个物体的概念集合）。

对完整物体的感知

但是还有一个问题，需要读者朋友们的思考，我们已经提到一个物体的概念的集合包含所有感知主体在所有感知环境下对其获得的概念。一个物体的概念全集包含的概念之多，不可能被单个观察者完全获得。例如，当张三看见一个苹果时，他可以直接获得从他的观察角度出发能够获得的对苹果的视觉，并且通过该视觉的暗示调动记忆获得对苹果的间接感觉，但是张三不能获得该苹果相关的所有感觉，如从其他人的观察角度感知苹果产生的感觉。

因此在贝克莱看来，一个人无法获得某件物体的完整概念集合中的所有概念，即人无法完整地认识事物，而人们的传统观念认为人是可以完整地认识事物的，那么，贝克莱的理论是不是与常识相悖？或许不是这样。

首先，其他哲学前辈的解释也有类似之处。根据表象现实理论的说法，人们通过直接感知代表（或类似）某个物体的属性的概念从而间接认识存在于外缘世界的该物体。这样一来，我们当然不可能同时直接感知到代表该物体的所有属性的概念，或者说在某一特定时刻该物体的所有属性无法全部反映在我们的认知中。因此表象现实理论给出的解释也指向了人们无法认识完整事物的方向。

或许，贝克莱的解释与我们自己的常识也有共通之处。当我们看或摸一件物体时，我们不认为自己已经认识到该物体的所有属性和特征，比如当我们看见一间房子时，我们只能看见房子冲着我们的那一面，而不能看见房子的每一面或是房子内部的构造，也就是说我们自己对感知的解释中也包含着“人们无法完整地认识客体”的意味，那么我们还能继续指责贝克莱的理论“不合常理”吗？

从另一个角度讲，在表象现实理论和我们的常识中，都存在一定程度认同人们可以感知完整的观察客体的观点：我们通过认识客体的某部分从而与完整的该客体产生了联系，那么举例来说，因为我们看见了部分房子，所以我们可以说自己“确实看见了房子”，这一点无论是于人们的常识还是贝克莱的理论都是成立的（借用贝克莱的理论我们可以说，人们确实可以感知苹果）。因此，既然我们自己也明白人是无法同时认识一件事物的所有特征的，那么贝克莱的说法“人们无法同时认识某个概念集合中的全部概念”也不算太过离谱。

贝克莱经验主义的实践

前文已经提到贝克莱是经验主义者，他的感知理论是他实践经验主义的产物，贝克莱认为通过合适的感知经验（更确切地说是合适的感觉）我们可以了解到周遭世界的物体，通过这些感知经验可以认识到桌子、椅子、房子、星球、人体等。贝克莱反对笛卡儿认为的“上帝给予每一个人天赋概念从而赋予了人类认识世界的能力”的观点。

除了人类的感觉以及由人类的感觉组成的日常物体之外，这个世界上还存在着一些人们无法认识的事物，接下来就让我们来了解在贝克莱哲学中什么既不属于人类概念，也不属于由概念组成的物体。

第三节　心灵（灵魂）

贝克莱认为世界上存在两种基本事物（或称实体），就是概念和心灵（有时贝克莱也将其称为灵魂）。笛卡儿与贝克莱都认为世界上存在许许多多的心灵，我们的心灵并不是从属于一个更大的集合，而是一个个独立的个体，每一个人类、每一个天使以及上帝都拥有心灵，上帝的无限心灵创造了人类和天使的有限心灵。

在前文中笔者已经提到贝克莱认为概念是完全“被动”的，概念在心灵的注视下安静地躺着，不存在改变其他事物的能力。而心灵则是主动的，心灵无时无刻不在活动，并且有能力改变其他事物（例见《原理》第二节、《对话》第231页）。主动性是心灵的本质属性和最重要的特征，并且心灵是唯一一种拥有主动性的存在。首先，概念的本质是被感知，而心灵的存在则是建立在感知（或曰认识或拥有）概念与想法的基础上的，贝克莱用拉丁语解释了心灵（引自《原理》《对话》以外的著作）：“心灵的本质是感知”

（mind’s esse is percipi）。心灵的存在以感知活动为前提（例见《原理》第139页）。这一理论对于贝克莱而言具有特殊的内涵，也就是概念的存在前提是被感知，不被感知的概念不可能存在，而心灵的存在前提是进行感知活动，不进行感知活动的心灵也同样不存在，如是，贝克莱定义的心灵必须不断地思考，一个人的心灵不可能（哪怕是一瞬间也不可能）处于完全空白或闲置的状态。心灵不会停止思考（感知概念或者拥有想法），否则心灵就停止了存在。

贝克莱认为心灵拥有主动性的第二个原因是心灵有能力改变其他事物。人类心灵改变其他事物的能力体现在两个方面。首先，我们可以控制某些概念或者想法的出现（例见《原理》第28页）。比如我们可以有意识地去回忆某些过去的感觉或是刻意地整合数个概念，比如通过回忆以及整合马和人的概念，在脑海中浮现一个“半人马”的形象。其次，我们可以通过意志改变感知周遭世界的方式从而获得崭新的感知体验（例见《对话》第237页），比如张三前一刻正在看着电脑屏幕，现在他做了一个看向窗外的决定，那么通过扭头看着窗外，张三获得了崭新的视觉体验。稍后我们将会了解到从某种程度上而言，是上帝最终令人们产生了所有的感觉，但同时如果借用贝克莱的解释，则是人类心灵的决定使人们获得了不同的感觉体验（也可以说是心灵的决定使游戏玩家按下电脑游戏的一系列按键，从而操纵游戏角色按照玩家的意志跑动）。在前文的这些例子中，我们的心灵通过行使各自的“意志”（will），或是贝克莱所谓的“决断力”（volition），而展现出了主动性。

前文已经介绍了贝克莱认为人们无法感知心灵（包括自己的心灵）的存在，甚至无法获得关于心灵的概念，但可以通过“直觉”（intuition）或者“映像”（reflexion）获得对心灵的知识（例见《原理》第89页、《对话》第231—232页）。贝克莱在此处没有详细地深入解释，我们只知道贝克莱似乎想要表明人类知道自己拥有心灵是通过“内心自省”（inward feeling）的方式，贝克莱关于这个问题的解释与笛卡儿的“我思故我在”有异曲同工之妙，笛卡儿同样认为一个人的存在（也就是一个人心灵的存在）是一种每当人开始思考时就立刻意识到的一种直觉。

请各位读者朋友思考你是否赞同贝克莱的观点“每个人都清楚地知道自己是拥有心灵的，并且可以通过‘内心自省’的方式认识自己的心灵”，同时在你的个人经历中是否曾经产生过类似的“内心自省”的体验？如果你认为人类没有“内心自省”，那么你的观点就接近于18世纪的苏格兰哲学家大卫·休谟（David Hume, 1711—1776），他认为，当人们审视内心时，我们唯一能够认识到的就是自己的想法概念和感知经历，此外不存在“心灵”等其他东西。而贝克莱认为我们除了可以发现想法、概念等事物，还可以感知到类似于心灵的存在，你更认同休谟的观点还是贝克莱的观点？

根据贝克莱的理论，人类又是如何对他人的心灵进行认识的呢？毕竟贝克莱将心灵定义为无法感知的事物，而内心自省或直觉只能帮助我们认识自己的心灵，无法帮助我们认识他人的心灵，接下来我们会先了解贝克莱理论中上帝所扮演的角色，之后再来解答这一问题。

上帝的心灵

上帝的心灵［（God’s mind）有时也被称为“神圣心灵”（divine mind）或是“无限心灵”（infinite mind）］一直是贝克莱哲学体系的重中之重。上帝创造了我们的心灵，也将关于万事万物的概念输送进我们的心灵，使我们认识到桌椅等周遭世界的事物（例见《原理》第149页、《对话》第232页）。上帝安排了一种极其复杂然而完美无瑕的方式使我们有规律地、持续地感知着世界上的事物，每个人都在合适的时间合适的地点有着合适的感知体验，而且不同的人在同一个场合能够认识同一件事物，比如当张三的膝盖撞到桌角时，上帝在张三的心灵中植入了一阵剧痛；又如当张三和李四站在一起看同一个方向时，他们同时看见了道路另一旁的一家小酒吧。

举一个不完全恰当的例子，我们的世界就是上帝在他电脑里编写的一个庞大的虚拟现实程序，我们每一个人都是其中的一个角色，该程序允许人们获得各种感觉，如视觉、嗅觉或者触觉等，而这些感觉构成了我们周遭的虚拟世界中的物体。我们也可以将贝克莱对世界的解释想象成电影《黑客帝国》中的虚拟世界：在《黑客帝国》中有一个巨大的机器创造了可供多人同时在线的虚拟世界。而之所以说电脑程序的例子不完全恰当是因为在贝克莱的理论中，不存在电脑程序中的世界之外的一个“真实的世界”。我们所体验的这个由上帝运作的世界，就是真实的世界，我们的一切概念都是上帝在我们的心灵中创造的。

为了做到这一点，上帝必须拥有极大的能力和智慧，而贝克莱的上帝是正统基督教中的上帝，他被定义为全知、全能、完美的神，贝克莱的上帝拥有人类一切已知以及可知的知识的总和。并且因为上帝与我们的心灵产生概念的过程关系密切，所以上帝与我们的生活也有着密切的联系。本章将会介绍贝克莱证明上帝存在的尝试，我们也会遇到一两个因贝克莱将上帝置于其理论体系的中心地位而产生的哲学问题，在此之前，我们先来了解上帝如何管理我们的周遭世界，以及贝克莱对“没有被任何人感知的物体如何存在”的问题的两种解答思路。

第四节　不被任何人感知时物体的存续性问题

我们已经了解到贝克莱是非唯物主义者，他认为世界上不存在物质，日常物体其实只是概念的集合。然而，仅仅是持有如上观点，贝克莱还不能算作唯心主义者，因为一名非唯物主义者可能奉行唯心主义（idealism）或现象主义（phenomenalism）。

认为贝克莱奉行唯心主义的理由是贝克莱将日常物体看作是概念的集合并且认为物体的存在本质是被感知。一张桌子的存在前提是有人正在感知这张桌子。同时，现象主义则认为存在的本质是被感知或可被感知，例如，一张桌子的存在前提是有人正在感知这张桌子或是有人可以感知到这张桌子。也就是说，组成这张桌子的概念要么是眼下正存在于某人心灵中的或者是在将来不同的感知条件下有可能存在于某人心灵中的。

大多数时候贝克莱显然是唯心主义者，然而有些时候贝克莱的观点却更接近现象主义者。下面我们用一个问题比较唯心主义和现象主义的区别，如果日常物体只是概念的集合，尤其是感知概念的集合，那么当没有人对其进行感知时，日常物体是如何继续存在的?

读者朋友们现在可能预期着贝克莱针对这个问题会给出一个这样的答案：当没有人对桌椅等日常物体进行感知时它们就不存在了，就好像当有人观察桌椅时桌椅出现，当所有人离开时桌椅就消失，如果是这样，那么我们就可以理所当然地把贝克莱的哲学当作小儿戏谈而不再继续学习研究。

有些学者认为贝克莱并不关心物体的“存续性”（continuity）问题，他的理论没有解释物体在没有人观察的情况下是否存在。但是笔者认为贝克莱对这个问题其实是相当关心的，并且贝克莱试图证明物体在没有人观察时依旧存在。首先，贝克莱认为自己的理论才符合人类常识。即使我们可能不认同，但贝克莱认为传统的唯物主义哲学不能证明人类真的对物体产生了正确的认知或是感知体验，而他自己的理论才真正做到了这一点。既然如此，如果贝克莱的理论最终断定物体在没有感知主体的情况下是不存在的，那么他的理论就明显与常识相悖，他又怎么能够断言自己手中稳握常识呢？

此外，贝克莱确实对物体的存续性做出过两种解释，第一种应该归入唯心主义，而第二种则应该归入现象主义，但后一种解释的出现次数较少。

贝克莱对存续性问题的唯心主义回答

贝克莱的第一种解释是，即使没有人对物体进行感知，物体仍然存在，因为上帝持续地感知着他所创造的这些物体。这一解释可以借用一段打油诗来说明：

曾有人说“上帝，
必定觉得非常奇怪
若他发现这棵树

一直长在那里

而周围一个人都没有”。

“尊敬的先生：你的惊讶好奇怪；

我（上帝）一直都在周围

那就是为什么这棵树

会一直长在这里

因为它得到了你的忠实的上帝的守护。”

我们看见贝克莱虽然没有在《原理》《对话》中直接使用“上帝”一词（例见《原理》第六节和第48页、《对话》第230—231页），但是他认为日常物体的存在本质在于被感知（即有人对该物体拥有相关概念），而当没有人对某些日常物体产生感知时，上帝对其产生感知，因此该物体可以持续存在。

贝克莱在数处强调组成日常物体的概念是当下“正”存在于某些心灵（人的心灵或是上帝的心灵）中的概念。贝克莱还认为概念的存在前提是被当下“正”被概念拥有者感知，不存在不被人感知的概念（例见《原理》第六节、《对话》第234页）。接下来的篇幅将针对“当没有人对日常物体进行感知时，上帝的感知使其继续存在”这一观点进行讨论。

或许有读者朋友不相信上帝的存在或奉行不可知论或者认为上帝是否存在尚且存在争议，但是请这部分读者朋友们不要基于这一点就草率地全面拒绝贝克莱理论中与上帝相关的部分。这样的理由不应该成为鉴定个人是否接受贝克莱理论的标准，只有怠于思考的人才会潦草地利用这一借口摆脱对贝克莱理论的进一步思考和研究。请各位回忆第一章的内容，当哲学家的哲学前提与自己的观念相抵触时，先暂时假设该前提成立，在此框架下再对其哲学进行评价。首先我们假设上帝是存在的，在这一前提下，思考贝克莱的对上帝的存在论证过程有什么问题。在本章的结尾处，我们将会讨论在《原理》《对话》中出现的贝克莱对上帝存在的两种论证过程。

而在此，希望读者先思考几个问题，这些问题与上帝在贝克莱理论中占据的中心地位有关。贝克莱称日常物体是感觉的集合，而我们对感觉的认知只有一条途径，那就是“拥有”这些感觉，或者说在显意识的层面经历这些感觉，并且，除了感觉之外不存在类似于感觉的事物。而现在我们已经了解到贝克莱认为日常物体在不被人类感知的时候，因上帝的感知而保持存在的存续性。然而，贝克莱又在其他地方提到，上帝并不拥有感觉（例见《对话》第24页）。首先，上帝没有任何感觉器官，但更重要的是，拥有感觉意味着处于被动的地位，意味着有感觉“施加”在其心灵中。而全能的上帝是不可能处于被动的地位的，也不可能有感觉“施加”在其心灵中。

贝克莱的理论似乎于此出现了前后矛盾，根据贝克莱的理论，如果上帝不能拥有感觉，他就不能感知到组成日常物体的概念集合中的概念（因为贝克莱告诉我们，要得到任何经历或知识必须通过获得相关感觉），同样的，上帝也不能够获得任何类似感觉的体验（因为除了感觉之外再没有类似感觉的事物）。但如果上帝既不能获得感觉，也不能获得类似感觉的体验，那么他如何能够认识到由感觉组成的日常物体？上帝又如何在没有人类对物体进行感知的时候通过感知该物体保持该物体的存在？此外，如果上帝自身无法拥有感觉，他如何安排人类获得感觉？

其实贝克莱对这个问题非常清楚，在《对话》的第240页至241页，海拉斯和（代表贝克莱的）斐乐纳斯一致同意，即上帝如果要使人类感觉到疼痛就必须先了解疼痛这一感觉，那么上帝至高无上的地位就会受到动摇，因为这意味着上帝必须先经历疼痛这一感觉，而在经历疼痛的过程中，上帝处于被动的地位，疼痛这一感觉“施加”在了上帝身上，而斐乐纳斯的回答则是：尽管上帝知道每个感觉，但他却不需要通过亲身经历来了解这些感觉，他是通过其他途径知道这些感觉的。

但是这样或许说不通，贝克莱先是告诉我们要了解感觉是什么必须通过拥有感觉，也就是亲身的经历，然而现在又说（至少在上帝那里）存在其他的方式可以不通过亲身经历感觉而了解这些感觉。贝克莱没有说明“其他方式”是什么。

这类问题被称为“神的可能性”问题，它不仅仅存在于贝克莱哲学中，也是常见的哲学难题。上帝本该是全知的，但是，如果他自己不经历疼痛之类的感觉，他如何知道疼痛的感觉是什么样的？并且，由于贝克莱将感觉和上帝置于自己理论的中心地位，这个问题在贝克莱哲学中体现得尤为明显，似乎贝克莱不得不舍弃一个观点才能摆脱这一僵局，或者他必须在矛盾的理论之间搭建起链接和统一的桥梁。比如贝克莱在借由斐乐纳斯之口回答海拉斯的问题时给出的答案还可以进一步完善：上帝可以通过动用智慧了解感觉，而人类必须通过亲身经历；又比如，贝克莱可以开辟出另一个针对这一问题的解决方案。现在，请读者朋友们再度思考是否同意贝克莱“人类要想认识感觉必须通过亲身经历”的这一说法。

总之，这类问题或许可以引发我们去思考是否可以对贝克莱的理论“去上帝化”，也就是思考是否可以去除贝克莱哲学中一切有关上帝的内容，而同时又可以不彻底推翻其哲学？当某些学者抱着这样的目的去研究贝克莱的理论时，他们常常会注意到贝克莱对物体存续性的另一种不那么为人熟知的解答，这一解答更接近于现象主义者而不是唯心主义者会给出的答案。

贝克莱对存续性问题的现象主义回答

贝克莱有时是这样解释物体的存续性的：当没有人感知一件物体时，该物体可以持续存在，因为“假设”现在有人对其进行感知，该物体是“可以”被感知的，这种假设一种与事实不同的情况进行分析的方法被哲学家们称为“反拟法”（反拟分析）。假设张三实际上在自习室，但是，如果他在图书馆，他就会看见图书馆的书，“假设张三在图书馆”就是“实际上张三在自习室”的反拟分析。按照这一理论，物体在没有被任何人感知的时候依然能够持续存在的原因不是因为上帝在感知它，而是因为在反拟分析的情景中我们可以感知该物体。

贝克莱的这两种解释都可以在《原理》或《对话》中同时找到。在《原理》第三节中，贝克莱提道：当张三在自习室时，他坐着的椅子是存在的，因为他对其产生了视觉和触觉等感觉，而当张三离开自习室时，椅子依然存在，理由是如果张三在自习室，他就可以感知到椅子，或者理由是自习室的其他人对该椅子产生着感觉和认知。笔者想要强调的正是贝克莱同时用唯心主义和现象主义的观点回答物体存续性的问题。在《原理》第58页，贝克莱又提出“地球是否在自转”这一问题实际上等同于“如果我们在宇航员的视角，我们是否又可以根据其他行星的位置判断出地球在自转”。在《对话》的第238页，斐乐纳斯称：虽然我们处于地球表面不能够感受到地球的自转，但是不能断言当我们离地距离足够远时也不能感受到地球的自转。第251页，斐乐纳斯还说，如果他在上帝创世的当场，他或许可以看到上帝按照《创世纪》第一章的顺序创造万物。

读者朋友们或许会感到困惑，因为贝克莱关于物体存在的存续性的观点（物体在没有人对其进行感知的时候依然持续存在）与其对物体的存在本质的解释（物体存在的前提是被感知）相矛盾。很明显，贝克莱不能同时持有以上这两个观点，他必须舍弃其中一个，问题是这两个观点于贝克莱的整体哲学体系而言孰轻孰重。值得注意的是，部分研究贝克莱的学者将贝克莱哲学中的现象主义观点视为其哲学理论体系中的一个失误或漏洞，并不是出自其本意；但同时想要把“上帝”从贝克莱哲学思想中剔除的学者们则竭力想要为该观点划出立足之地。

暂且不论物质存续性问题本身，我们应该如何评价贝克莱对物质存续性问题的现象主义回答？有人认为基于这一回答人们可以认为当下不被感知的物体不是真真正正的所谓“存在”着的。试想有一个正不被任何人感知的物体——例如，在土星背后（在地球上任意角落进行观察都会被土星遮住）的一个卫星，书本、科学权威都告诉我们，这颗卫星是存在的，然而根据贝克莱的现象主义解释，由于组成该卫星的存在本质的概念集合中的任何一个概念都没有被任何人感知，那么这颗卫星的存在岂不是在某种程度上是不真实的？

然而，贝克莱对待这类挑战的态度相当从容，在《对话》第三版第251—252页中，海拉斯和斐乐纳斯在讨论上帝在创造人类之前先创造了世间诸物，而在人类诞生之前没有人对这些物体进行感知，这应当做何解释。斐乐纳斯对此的解释是，这些物体在未被感知时也是真实存在的，尽管这种存在具有“假设性”和“相对性”，其“假设性”在于该物体的存在是基于“人类当下虽然未对其进行感知，但是在将来某一刻会感知到它”的假设上的，而“相对性”则是指物体的存在是相对于现实而言，在反拟分析中是可以有人对该物体进行感知的。

然而，读者朋友们仍然可以继续思考是否接受这种“假设性”或“相对性”，并思考自己是否受到贝克莱的启发。如果认为只有承认“独立于心灵的物质”存在的唯物主义才能解释未受到感知的物体是如何存续的，那么这其实并非是对贝克莱哲学的客观评价，因为这是在使用唯物主义的标准衡量贝克莱哲学，而由于贝克莱是非物质论者，他的观点不可能完全符合唯物主义标准，我们也不应该指责他的非物质论观点没有满足我们的唯物主义标准。因此，当我们在评价贝克莱哲学的存续性问题时，最好使用唯物主义以外的标准来反驳他对未受到感知的物体依然存在的解释。

同时，如何“将上帝从贝克莱哲学中剔除”这一课题在学界存在着争议。例如，有些人试图帮贝克莱绕开上帝而使用现象主义的方式来解释物体的存续性问题，而有些学者则认为要“将上帝从贝克莱哲学中剔除”本身就是不可能完成的任务，毕竟贝克莱认为上帝与我们的生活具有极其亲密的关系，并且试图使用上帝来解释人类生活的每一个细节。对贝克莱研究较为透彻的学者们通常认为贝克莱哲学中的现象主义部分依然绕不开上帝的存在，如上帝的意志依然是存续性问题的现象主义解释的核心，人们之所以能够在反拟情景中感受到实际中并未感受到的物体从而保持了该物体的存在的原因仍旧在于上帝的决定。

但是，即使我们无法替换掉贝克莱哲学中的上帝，我们依然可以思考可否借贝克莱哲学将上帝从非物质论中去除。现在我们来试着理出一套没有上帝存在的现象主义理论：物体的存在本质是概念的集合，集合中的概念一定在当下或反拟分析中被人感知，物体在没有被人感知的情况下依然存在，因为如果我们在当场，是可以感知这一物体的。非唯物主义者如果不想要通过上帝来解释自己的哲学理论，是否也可以用同样的方式解释日常物体的存续性？我们还可以继续深入地追问非唯物主义者一个问题：人为什么会获得感知体验？图书馆中的人可以同时获得关于图书馆的视觉、听觉、触觉等从而构架出图书馆的形象，但是人类在合适的条件下是否可以获得对位于土星另一面的一颗卫星的感知体验？唯物主义可以很方便地解释这一问题，他们认为在我们的心灵之外存在着一个独立的物质世界，物质世界可以使我们产生感知体验，比如通过反射光线给我们带来视觉体验，让我们看清物体。所以贝克莱将上帝引入了自己的哲学来解释对世界产生感知的问题，贝克莱认为，上帝将这些感觉直接输送进了我们的脑中。然而，如果既不通过唯物主义理论也不借助上帝的存在，现象主义该如何解释人类感知世界的原理机制？似乎他们不能给出一个令人满意的答案。

为何这个问题如此重要？或许我们为什么会获得感知体验这个问题有些类似于“我们为什么存在？”“为什么先有‘有’，而不是先有‘无’？”很多人认为这类问题无法回答也不必回答。果真如此的话，似乎我们无法要求现象主义者给出一个合理的解释说明为什么人类会获得感知体验，或许他们只能给出“总之我们可以”的答案。

关于物体存续性的讨论暂且告一段落，之后我们还会再次对上帝的话题进行讨论并介绍贝克莱证明上帝存在的论证过程。现在，我们先来看一看贝克莱针对人们对其哲学提出的一些典型问题的回答。

第五节 现实与幻觉的区别

人们对贝克莱哲学的疑问中最常见并且得到贝克莱正面回答的是贝克莱对“真实世界”（real world）的否定。贝克莱认为，既然日常物体是仅存在于心灵中的概念的集合，那么真实世界就没有了存在的必要。从贝克莱哲学的角度出发来看，不存在真实世界的说法的确有一定道理。如果说贝克莱所否定的“真实世界”所指的对象是“独立于心灵之外的物质世界”，那么也难怪人们会质疑，但是考虑到贝克莱本身就是非唯物主义者，他否定独立于心灵之外的物质世界也是无可厚非的。

然而，如果说“真实世界”指的是充满了我们能够通过各种感官进行感觉同时又不是脑海中的想象或错觉的日常物体的世界，那么也许贝克莱不应该否定这一世界的存在。根据贝克莱的解释，我们确确实实能够拥有组成日常物体的概念，这些概念就是真实的，这些概念是世界上两种基本存在之一，相对应的，概念组成的集合

（日常物体）也应该是真实的。约翰·洛克曾经提出如果你怀疑面前火炉中的火焰的真实性，只要将你的手伸进去试试看，你就知道这火是真实的了［引自《洛克论文》（*Lock's essay*）第十一章第八节］。

在贝克莱的解释中，即使没有独立于心灵的物质世界存在，也存在现实。只不过贝克莱稍稍改变了现实世界的指代对象（例见《原理》第36页、《对话》第258页），贝克莱所使用的现实并不是指独立于心灵存在的物质事物，而是指代概念。请各位读者朋友注意，在这里不可以用传统的思维去认识贝克莱的这一说法，否则的话想象中的“独角兽”也是存在于现实中的了。贝克莱使用现实来指代组成客观世界的概念。

贝克莱认为通过用现实来指代人类的某些概念能够帮助我们认识世界（例见《原理》第34—35页、《对话》第211—212页和第229页）。贝克莱的唯物主义前辈们将真实世界定义为独立于心灵之外的世界，但他们认为这一世界与进行直接感知获得的概念不是一回事。结果像笛卡儿、马勒伯朗士和洛克之类的哲学家常常被人视为脱离现实，如果人们通过直接体验只能够获得自己的概念或者心灵上的体验，那么我们怎么能够知道是否存在或者进一步认识一个独立于心灵和概念之外的物质世界呢？正如许多哲学家所言，间接现实的理论认为概念和感觉“遮蔽”了现实，使得人们无法认识自己的概念以外的现实世界。贝克莱本人并未使用“遮蔽”一词，但他的观点与间接现实类似，如在《原理》第18页，贝克莱称即使在人们的概念之外存在着“固态有形可移动的实体”，人们也无法认识这些实体，即使是站在唯物主义的角度也不行，因为人们使用感官只能获得概念，也就是感觉。

有些学者认为贝克莱的前人们其实给出了突破概念的“遮蔽”并认识现实世界的方法。但贝克莱认为自己的理论是彻底地解除了这一“遮蔽”，因为他的理论将感觉和现实世界等同了起来，感觉就是现实世界，现实世界就是感觉。于是贝克莱认为自己的理论超越了先前的唯物主义者，假设真的有一个所谓的现实世界，我们对于这个世界产生认识的机制也是符合贝克莱的哲学，而不是符合唯物主义理论。

贝克莱提出了一个更深入的将他的哲学理论与人们的常识相融合的办法。回忆前文17、18世纪哲学家并不把关于物体的相关感知体验看成是物体自有的真正的属性，而是视为人类自身的一种反应，是对物体真实面目的侧面反映。笛卡儿等人认为我们所感知的日常物体的颜色并不是它们的真实颜色，如红苹果并不真的是红色的，同样的，所有的（通常定义下的）次级属性都不是物体的真实属性（洛克的观点稍有不同，详见前文）。所以香蕉并不是真的甜，架子鼓也不是真的很吵闹，天鹅绒摸起来也不是真的很顺滑，但在我们看来苹果确实是红的，苹果的视觉刺激着我们使我们以为苹果的表皮就带着“红色”这一属性；架子鼓虽然不是真的吵闹，但是关于鼓声的听觉使我们以为架子鼓确实发出了声音。认为次级属性不是真实的、独立于感知者以外、依附于物体存在的这一观点对人们的（通过感知经历获得的）世界观产生了巨大的冲击。但是，按照贝克莱的理论，日常物体确实拥有我们所感知到的那些属性（例见《对话》第229—230页），就拿红苹果举例，既然我们感知到的苹果的红色是组成苹果的概念集合中的一个，那么自然而然，红色就是苹果真实拥有的特征，以此类推，可以解释物体的所有感知特征。贝克莱还认为自己的哲学思想（与前人们不同）承认人类可以直接感知日常物体的真实面目，人类可以与现实相交，因为人类可以直接感知的概念就组成了现实。

有些哲学理论可以清楚地划出现实与想象之间的界限：现实就是独立于心灵之外的物质世界，而想象则仅仅存在于人类的心灵中。然而，由于贝克莱认为现实就是由心灵中的概念组成的，那么贝克莱应该如何区别现实与想象？贝克莱哲学能否区别真实事物与想象？如果贝克莱做不到，他的理论就成了一纸空谈。

其实贝克莱哲学中有许多办法可以区别现实与想象。他曾提到，我们在使用感官去感知世界时会不由自主地产生概念，获得组成现实世界的概念的过程不受人类自主意志的控制（例见《原理》第29页和第33页、《对话》第214页和第235页）。当然，人们可以控制是否睁开眼睛，但是一旦我们睁开了眼睛，我们就不能停止获得相应的感知经历。但人们可以自主地控制是否唤起、切换或者停止脑海中的想象（比如一只独角兽）。贝克莱有时还会用另一种办法来区别现实与想象，那就是组成现实的概念由上帝输送进我们心灵，而组成想象的概念则由我们自己唤起（例见《原理》第33页、《对话》第235页）。

贝克莱还指出组成现实物体的概念比想象的片段更加鲜活、更令人印象深刻（例见《原理》第30页、第33页和第36页，《对话》第215页和第235页）。用一个实例说明贝克莱的观点，读者朋友们可以比较用眼睛看一只胡萝卜和闭上眼睛想象胡萝卜的样子这两种情况，想象出来的胡萝卜的样子比亲眼看见胡萝卜的画面更模糊，亲眼所见也会对观察者的意识产生更加深刻的影响。

贝克莱还曾至少一次提出真实物体是可以被许多人同时感知的，这也就暗示了贝克莱将想象看作只有想象者才能够感知到的（例见《原理》第84页）。

然而，即使是同时用上这三套标准，有时候也不能彻底地区别一个概念到底是真实物体还是想象（虽然这三套标准通常也可以区别出现实和想象），比如我们可以假设存在着这样一个幻象（虽然可能性很小）：体验的开始或结束都不受感知者的意志控制，同时十分鲜活令人印象深刻，具有合理的内在统一性，而且可以被众多感知者同时体验，正如沙漠中出现的绿洲的海市蜃楼，其实并没有绿洲，但是的确有那么一群人观察到了它。是否有什么办法可以区别现实和这类由多人共享的既鲜活又具有合理的内在统一性的幻象呢？贝克莱的回答是：有。

区别的标准就是，组成现实物体的概念与其他组成现实物体的概念之间存在着正确的联系（例见《原理》第30页和第36页、《对话》第235页），而组成幻象的概念无论被多少人共同感知，无论它多么合理，都不能与其他真实概念产生正确联系。再怎么接近真实的幻象也会与我们的某些其他概念相矛盾，虽然可能在体验幻象的那一瞬间体验者还发现不了这种矛盾，正如看见“绿洲”的人只要走近它，就能够发现“绿洲”只是海市蜃楼，因为这里没有绿植也没有水。在贝克莱看来，现实物体与幻象之间最关键的区别就是现实物体在任何时候都符合自然规律。

第六节　科学的发展与对环境的探索

笔者刚刚提到的这一点至关重要，根据贝克莱的定义，真实物体符合自然规律，因为上帝输送进我们心灵的概念是以一种有规则有秩序的方式构建起集合（现实物体）的，换句话说，真实物体（概念的集合）的运作符合特定的规律，如在常规情况下，无论我们如何测量沸水的温度都是100℃——即使物质不存在。用贝克莱的哲学来解释这一现象，那就是每一次上帝在输送沸水这一概念的同时，也同时输送了看到温度计显示100℃这一视觉感受。贝克莱对世界的解释在某种程度上和唯物主义者是类似的，但贝克莱眼中的世界如同电脑游戏中的虚拟世界，是一系列因果关系相互交织形成的规则的庞大网络，只不过贝克莱认为一切因果的源头不是电脑程序或者是作用于物质世界的无生命的自然规律，而是上帝，是上帝源源不断地以符合规则的方式将概念输送进我们的心灵。

并且正因为概念是由上帝以如此规则有秩序的方式创造并安排的，我们才能够对身处的环境进行探索，就好像我们可以探索一个由电脑程序控制的虚拟世界一般。确实贝克莱十分坚持这一观点（例见《原理》第30—31页、《对话》第229页），人们体验到的世界是以规则有秩序的方式运作的概念，而这些概念与规则之间的和谐统一保证了人们能够拥有正常的生活。人们通常认为我们之所以能够成功地探索世界是因为我们可以通过看、摸、听、尝、闻来体验事物，而这一观点在贝克莱哲学中其实也是成立的，他只是阐述了自己的形而上学思想，并以此来解释人类体验。其实，无论贝克莱的形而上学思想是否正确，都不会改变人们关于世界的体验。

所以，贝克莱认为我们能够发展出科学，能够建立自然规律，并通过各种因果来描述这个世界是因为我们找出了通过感知获得的概念之间的稳定联系，比如，我们认为是火焰的加热导致了锅中水的沸腾，因为看见火焰对锅进行加热的画面常常会伴随着锅中水在沸腾的画面。贝克莱的解释是我们之所以习惯于这样的规律，是因为上帝通常将火焰加热的概念和沸水的概念一起输送给我们。这样看来，一起出现的一对概念中发生在前面的就是我们通常所说的“原因”，而后面的就是所谓的“结果”。

在贝克莱看来，水之所以沸腾（也就是我们的心灵之所以会获得有关沸水的概念），其终极原因在于上帝，更确切地说，日常物体之所以存在是因为上帝，它们的本质就是上帝，它们之所以呈现现有的种种规律都是因为上帝。在上面的这个例子中，严格来说，火焰并不是引起水沸腾的原因，火与水都是概念的集合，而我们已知贝克莱将概念定义为“被动”的事物，没有改变其他事物的能力。但人们确实可以使用“因果”来描述这个世界，比如火焰造成了水的沸腾或者火焰是水沸腾的原因，只不过这属于科学语言，而不属于形而上学思想，也就是我们没有从描述世界的终极本质的角度出发去形容世界，而是在用一种简便的方式解释眼前发生的一切（例见《原理》第51页）。我们说火煮沸了水，其实是因为在自己以往的观察经验中，沸腾的一锅水下必然有一把熊熊燃烧的火。

同样的，贝克莱认为自然规律既不需要一个物质世界作为载体，也不是统治物质的工具。相反，自然规律是上帝安排概念输送的规则（例见《原理》第30页和第32页、《对话》第231页和第253

页），如果我们将水加热到足够的温度，上帝就会将水沸腾的概念输送到我们的心灵中。正因为上帝是按照一定的规则将概念输送给人的，所以人才能够总结出自然规律，可以说自然规律是人们总结出的这个世界上概念之间的联系规律的集合（例见《原理》第59页和第62页、《对话》第243页）。概念之间的规则关联给了人们解释世界规律的机会，人们根据以往的经验知道水之所以沸腾是因为受到了充分的加热。概念之间的规则关联也给了人们预测未来的机会，如果某人希望获得开水，他只需要将水加热到足够的温度。虽然上述的例子都是非常简单的事情，但即使是复杂的科学研究也同样是观察总结规律并对未来做出预测，因此贝克莱的理论和科学之间并不矛盾。毕竟，无论采取什么形而上学立场，都不会影响人们实际观察到的是什么样的世界。也就是说，无论我们相信人类的观察经验是来自独立于心灵之外的物质世界还是来自上帝，我们的所见所闻并不会改变，不是吗？

贝克莱因此得出结论：即使是接受了他的哲学，人们依旧可以从事科学事业，只不过在研究科学的时候我们并不是在使用形而上学思想。甚至贝克莱相信如果全面否定了物质的存在，科学的进程反而会因此加快（例见《原理》第50页和第107页、《对话》第241—242

页和第257页），但是那些关于物质及其属性的科学理论又当如何是好？举个例子，当今的科学认为这个世界上存在一种“反物质”，“反物质”是正常物质的反状态，一旦“反物质”与正常物质相遇就会释放极强的能量。

但当今科学的研究对象是否就是贝克莱所否认的与人类心灵无关的物质实体呢？如果科学的研究对象就是“拥有独立于人类心灵之外的属性，以独立于人类心灵之外的规律运作，独立于人类心灵之外而存在的物质”，那么贝克莱的哲学自然是与（某些）科学理论相悖的，而且即使是在相悖的情况下，贝克莱哲学与科学对物质的存在的解释也还正误未分。

但倘若所谓的“物质”是否就是“独立于心灵之外的真实存在的实体”这一点对于当今的科学研究的意义不大，那么贝克莱的哲学与科学之间的矛盾也就不那么尖锐了。毕竟，或许每个科学家都有自己关于“物质”的定义，而科学家们定义的物质未必是独立于心灵之外的存在，或许只要“假设”有物质存在便足以发展科学事业。

笔者个人不知道当今科学的研究对象在形而上学中是如何定义的，感兴趣的读者可以咨询科学家。但笔者可以确定的是，贝克莱的哲学其实允许人们在必要的时候（如科学研究中）保留“物质”

一词的使用。或言之，只要“物质”一词的指代对象不是“独立于心灵之外存在的实体”，而是当人们用感官进行感知时获得的认知（即概念的集合），那就不违背贝克莱的哲学（例见《对话》第261—262页，此处斐乐纳斯提醒海拉斯谨慎使用“物质”一词的原因是大多数人用“物质”指代的对象就是独立于心灵之外的存在）。

第七节　人们如何认识他人心灵（包括上帝的心灵）的存在

回到之前搁置下的一个问题：在贝克莱的哲学框架下，人类是如何认识自己以外的心灵的。毕竟贝克莱表示人无法获得对心灵的“概念”，一方面，心灵是无法使用感官进行感知的，处于被动地位的概念无法认识占据主动地位的心灵的本质，因此也就没有能够代表心灵的概念，同时，通过内在感觉或者知觉虽然可以认识自身的心灵，却无法认识自身以外的心灵。

每个人对自己的心灵都有即时的认识，贝克莱在《原理》第148

页曾指出人们可以借由他人的描述来认识他人的心灵，比如张三告诉李四："我有心灵"，李四可以看见张三的嘴在开合，可以听见张三的声音传入他耳朵，但是李四没有获得直接的证据或者感知证明张三的心灵是存在的。

很多人认为贝克莱哲学存在一个重大问题，其严重性足以摧毁其整套哲学，那就是它可以被扣上"唯我论"的帽子。"唯我论"认为这个世界上只存在一件事物（至少我可以认识到的只有一件事物），那就是我自己的心灵，以及存在于我心灵中的一切。一直以来没有哲学家乐意被称为"唯我论者"，因为这类理论太过肤浅，那么，提出人类无法认识自身以外的心灵的贝克莱是如何避免成为"唯我论者"的呢？

贝克莱认为其他人的心灵是存在的，他的论证理由十分类似于大众普遍会想到的理由（例见《原理》第140页和第145页、《对话》第233页），那就是每个人都知道自己拥有心灵，而心灵是身体产生运动、做出各种行为，包括说话的原因，比如一个人因为特定的信念或者动机而决定按照特定轨迹活动身体，这身体的活动、行为包括话语证明了其背后存在一个具有智慧的心灵在控制着一切。在我的四周存在着他人的身体，这些"身体"也出于某种意图产生运动，做出各种行为包括说话，难道这些“身体”会是没有心灵的机械存在吗？虽然有可能，但是既然我的身体产生运动、做出行为可以证明这背后存在一个具有智慧的心灵控制着一切，那么其他身体的运动、行为和话语也同样可以证明其背后存在一个具有智慧的心灵控制着一切。所以，虽然一个人无法确定自身以外的心灵是否存在或者这个世界是否只存在我的心灵以及我心灵中的一切（即“唯我论”），但是通过类比，既然自己是有心灵的，那么很可能别人也拥有心灵。

暂且不论贝克莱的理论，读者朋友们是否相信自己以外的心灵的存在，还是认为其他人都是没有心灵的机械存在？你的观点有什么依据？如果你相信世界上存在其他心灵，你的理由是否和贝克莱一致？你能否找出贝克莱的理论中否定他人的心灵存在的内容？

贝克莱曾提出过一个否定他人心灵存在的理由，在《对话》第232页中，斐乐纳斯先是否定了物质的存在，理由是人们无法感知存在于心灵之外的物质，甚至根本就不可能有存在于心灵之外的物质。简言之，物质不存在是因为人们无法对其形成概念（第四章将会深入讨论这一论点）。但是人们同样无法对他人的心灵产生概念，斐乐纳斯却认为他人的心灵是存在的，同样的前提却导向了不同的结果，因此海拉斯在此处批评斐乐纳斯的摇摆不定，并认为照着这种逻辑，人们也可以说物质存在，而他人的心灵不存在。

但海拉斯的批评其实是不合理的。首先，海拉斯忽略了贝克莱对“概念”一词的限定，贝克莱对概念的定义是人们获得的认知、内在情感比如愤怒或恐惧以及通过想象勾勒的画面。但是概念并不是人类心灵可以处理的唯一对象，人类的心灵还可以处理与感知经历无关的想法或各种念头。所以严格地讲，虽然人们对心灵无法拥有概念，但是可以拥有想法或念头。此外，在书中斐乐纳斯对海拉斯是这样回应的：最大的问题并不是人类无法对物质产生“概念”，而是人们获得关于物质的概念的说法充满矛盾，认识独立于心灵的物质是不可能的任务，因为独立于心灵的物质本身就不存在。而关于心灵的想法或者念头却不存在矛盾且具有可能性。因此海拉斯不能指责斐乐纳斯在这一问题上的态度摇摆不定。

贝克莱关于上帝存在的论证过程

讨论完了他人的心灵，我们来讨论上帝的心灵以及贝克莱如何证明上帝的存在。《原理》和《对话》中给出了证明上帝存在的两种论证途径，那就是今日人们常说的“存续性论证”（continuity argument）和“消极论证”（passivity argument）。这里请大家注意学界对贝克莱的论证属于哪一种尚存争议。例如，有些人的观点认为由于贝克莱并不十分关心物质的存续性问题，那么他对上帝的论证就不能归为存续性论证。但传统观点认为这两种论证方式贝克莱都曾采用，并且这两种论证方式都能够在其原著中找到痕迹。出于本书的讨论目的，笔者将会假设贝克莱的原著中确实出现了这两种论证方式，并对它们一一进行研习与思考。

存续性论证

在《对话》第230—231页中（也可参考《原理》第六节和《对话》第212页），我们可以找出贝克莱从物体存续性的角度论证上帝存在的证据。首先，日常物体在不被“我”感知的情况下（即“我”并没有在它旁边获得组成这一物体的概念集合中的任何概念）仍然存在，但是又因为日常物体的存在必须基于该物体是受到感知的（“存在即被感知”），那么如果我不感知该物体，必然应该有其他心灵在感知该物体，这样它才能存在，对于所有其他心灵也是同样的道理。但是确实存在没有被任何“有限心灵”（即受限制的心灵，也就是人类的心灵）感知的概念集合，这种情况下就必须有一个不是“有限心灵”的心灵，也就是“无限心灵”（即上帝的心灵）的存在。

读到这里，你是否已经接受了上帝的存在？如果没有，那么你的任务就是说出不接受的理由，并指出贝克莱论证中的漏洞。如果你找不出贝克莱的论证有什么问题，那么按道理，恐怕你应该接受他的结论。

笔者认为，贝克莱的论证中存在着这么一个漏洞：贝克莱对上帝的论证的基础是唯心主义，也就是说，人们必须首先承认物质是概念的集合，而概念的存在基于被感知的基础上，那么顺理成章地，如果“我”不感知某物，该物质的存在必须是被“其他心灵”感知的。从唯物主义哲学角度出发，日常物体的存在不必被人感知，因为唯物主义者眼中的物体不是必须被感知的概念的集合。简单地说，贝克莱论证上帝存在的存续性论证是基于唯心主义的基础上的，这也使得这一论证充满局限性。

但在假设“存在即被感知”原则成立的前提下，该如何评估贝克莱对上帝的存续性论证？有观点认为贝克莱的这一论证依然无法成立，因其是循环论证：首先，贝克莱通过日常物体在不被任何人感知的情况下依然存在，证明了无限心灵（即上帝）的存在，然而他在别处又通过上帝的存在来证明日常物体在无人感知的情况下依然存在。于是，贝克莱的整套论证就落入了上帝的存在以及物体存续性的相互证明：因为有上帝，所以物体在不被人类感知时继续存在，因为物体在不被人类感知时继续存在，所以证明了上帝的存在，如此循环往复。而此类论证通常会被哲学家们定为谬论，理由是这种论证说服不了原本不相信上帝存在或者不相信物质存续性的人。

那么，贝克莱的论证真的是循环论证吗？如果他是这么说的，我们可以将他的论证定为循环论证：

“我们知道物体在没有被人感知的情况下依然存在，因此我们知道上帝存在，并且由于我们知道上帝存在，因此我们知道物体在没有被人感知的情况下依然存在。”

上述论证的问题是我们用物体存续性的相关知识（也就是关于上帝的知识）来证明我们拥有物体存续性的相关知识，换句话说，我们利用关于上帝的知识来证明我们拥有关于上帝的知识。

但是，贝克莱的本意当真如此吗？或许贝克莱的本意并非“因为我们知道上帝存在所以我们知道物体在不被人类感知的情况下依然存在”，而是“上帝的存在保证了物体能够在不被人类感知的情况下继续存在”，第一种说法属于认识论（关于人类知识以及获取知识的手段），而第二种说法是本体论（关于存在）。如果他是这么说的，那么我们就不能将贝克莱的论证定为循环论证：

“我们知道物体在没有被任何人感知的情况下依然存在，所以我们知道上帝是存在的，并且上帝的存在保证了物体能够在没有被任何人感知的情况下继续存在。”

此处，我们利用物体存续性的相关知识（也就是关于上帝的知识）证明的对象与物质存续性的前提条件（也就是上帝存在的这一事实）并不相同，因此贝克莱的论证并不是让我们利用关于上帝的知识来证明我们拥有关于上帝的知识，而是我们将上帝存在这一事实作为“我们拥有关于上帝的知识”的前提。当然，大家也可以问“如何得知上帝是存在的”，而贝克莱对这个问题的回答不涉及物体存续性，比如贝克莱可以用消极论证来证明上帝的存在。

至于是否将贝克莱的论证定为循环论证，决定权掌握在诸位读者手中，请大家在阅读完《原理》《对话》后思考是否可以在书中找到循环论证的痕迹，还是你也认同前面两段的说法并将贝克莱对上帝的论证归为消极论证。无论是研究哪一位哲学家，回到原著中寻找解决困惑的答案都是非常重要的环节。

还可能有一种解释，那就是贝克莱将物质的存续性看作是理所当然的事情，也就是物体在没有被人感知的情况下就是存在的，不需要任何论证去证明。如果是这样，“（已知）因为上帝存在所以物体在没有被任何人感知的情况下继续存在”就不是贝克莱真正使用的论证理由，那么贝克莱就没有陷入循环论证。那么现在的问题就是，贝克莱是否将物体的存续性看作是理所当然的事情。普通人通常都将物体的存续性看作理所当然，看作不需要多加证明的事实，既然如此，贝克莱为什么不可以也持有这一观点呢？既然我们在自己的个人哲学体系中都将物体的存续性当作既定事实，为何贝克莱不可以同样这样做呢？

认为贝克莱的哲学体系不能与普通人的哲学体系相提并论而且贝克莱的哲学不应该将物体的存续性当作既定事实的理由之一是贝克莱坚持认为物体的“存在即被感知”，物体的存在前提就是被感知。这一坚持迫使贝克莱不得不解释物体在不被任何人感知的情况下的存续问题。同时，我们通常认为物体是物质的，不以被感知作为存在前提的，在没有人感知的情况下仍然能够继续存在就是物体的本质属性，因此也就不需要进一步解释这是为什么。

即使如此，我们依然可以问为什么日常物体是物质性的存在，能否证明日常物体是物质性存在，还是说我们认为日常物体是物质性存在的观点是不假思索的成见？如果我们自己的观点确实是成见，那么即便贝克莱确实将日常物体的存续性看作理所当然的事情，我们是否还能有资格去批评他呢？

消极论证

贝克莱关于上帝存在的消极论证可以在《原理》第29—30页、第146页和《对话》第214—215页找到。消极论证首先以“我们获得感觉的过程是不受主观意志控制”为前提，认知概念或感觉（比如睁开眼睛映入眼帘的画面）的产生是无法阻止的，我们不能通过决定或者控制感知体验的产生与结束，那么我们的感觉从哪里来？由什么产生？贝克莱和笛卡儿等人一样，不认同 “无中生有”（creatio ex nihilo）的理论学说，换句话说，贝克莱排除了感觉是凭空产生的可能性，认为感觉一定是有源头的。

贝克莱认为物质不可能与我们的感官产生因果互动从而导致感觉。暂且不提贝克莱否定物质的存在，贝克莱指出唯物主义哲学家认为物质是惰性的（inert）（例见《原理》第67—69页、《对话》第257—258页），也就是说，物质是静止被动的，等着被人移动、施加作用或是改变，物质自身没有自我改变的力量或是在人类心灵中产生概念和感觉的能力。贝克莱同样认为概念没有产生其他概念的力量，因为贝克莱将概念看作是完全被动的，没有能力对任何其他人、事物施加作用或带来改变。

贝克莱的结论是感觉必须是由心灵产生的，因为心灵是唯一占据主动地位的存在（或称中介），只有心灵可以带来改变或产生他物。但是，贝克莱排除了我们自己的心灵可以产生感觉的可能性（因为我们无法通过自主意志控制感觉的产生或停止），那么谁的心灵才能产生我们所有人都能够体验的感觉呢？有两种可能：①某个其他的有限心灵；②一个无限心灵。

通过研究人类的认知概念可以为这个问题提供一些头绪。首先，我们的认知概念是如此恰到好处地整合在一起，遵守着规则，和谐统一地组成整个世界。其次，我所认知的世界并非仅仅被我一人认识，所有人都认识着同一个世界。这些证据表明产生概念和世界的心灵具有足够的能力、智慧与技巧，而只有上帝具有创造整个世界的概念，并让所有的概念和谐共处。简言之，我们拥有的认知概念让我们知道上帝是必然存在的。

贝克莱的这种论证方式杂糅了“宇宙论论证”（cosmological argument，通过“是谁创造了甲乙丙丁”的问题得出“是上帝”的回答）与“设计论证”（argument from design，甲乙丙丁既然已经被创造出来了，那么一定有一个创造者，这个创造者就是上帝）。

此外，贝克莱还认为所有能够用来证明无限心灵存在的证据都能够证明上帝的存在（例见《原理》第147页），前文中提到贝克莱认为我们能够知道他人心灵的存在。人们看见除了自己以外还有其他“人体”有着与自身类似的外表，有着与自己相似的行为模式，我知道我的一切表现都受到我自己的有限心灵的控制，那么我自然有充分的理由相信其他人的行为也受到他们各自的有限心灵的控制，但是首先需要遵循秩序，以统一的规律运作的概念组成其他人的“身体”，还得有一个具有超级智慧和能力的心灵创造这些概念，这就证明了上帝的存在。

回到先前的话题，我们应该如何评价“消极论证”？首先，这一论证的正确性建立在贝克莱的“我们认识到的是认知概念或感觉而不是物质”说法成立的基础上，如果不成立，那么就不需要进一步讨论上帝与感觉的产生之间的联系。老规矩，为了能够继续我们的讨论，先假设“我们认识到的是存在于自己心灵中的概念”成立，在此基础上讨论贝克莱的论证有什么问题。

读者朋友们请思考自己是否赞同贝克莱的观点，比如与贝克莱一样否认“无中生有”？他认为包括人类的认知概念在内的一切都不可能凭空产生，我们可以思考他的观点是否正确，比如通过举出一个可以“凭空产生”的例子来对他进行反驳，或者替他证明包括概念在内的一切都不可能平白无故地出现。

有观点认为贝克莱在这个问题上存在矛盾观点，他时而提出人类不能自行创造认知概念，并且不存在无中生有的事物；而有时贝克莱的说法又好像是在主张人们可以凭空产生概念，也就是可以通过想象将自己的概念整合起来创造出如“独角兽”这样的概念：我们通过意志操纵“独角兽”这一概念产生在心灵中。显然，想象并不是凭空产生的，想象是通过整合从前获得的概念而创造出来的（如将“角”与“马”这两个概念进行整合）。然而，在我们接受“原材料”概念和进行概念整合的过程之间的时间间隔中，我们并不感知这些概念，贝克莱又坚持概念的存在前提就是被感知，那么我们可以推论这些概念在间隔期间不存在，那么或许在某种意义上“独角兽”的概念确实是凭空产生的。

但在此处，无论是否可以凭空创造出想象概念都对我们的讨论没有意义，在消极论证中贝克莱只需要证明认知概念不是凭空产生的，它必然有源头，而这源头不是我们自身。这就把讨论的方向带回了前文中的“人类为什么会产生认知概念”这个问题，当时笔者提到我们只能回答“总之我们就是获得了认知概念”，除此之外再没有更好的答案，当然读者朋友们可以自由发挥形成自己的观点。

在第三章中，我们了解了贝克莱实证哲学的主要特征——关于事物终极本质的解释。他认为人们认识的是概念，更确切地说是感觉，而日常物体及其属性仅仅只是概念的集合，心灵和概念是仅有的两种存在，而上帝通过向我们的心灵输送认知概念创造并运行着世界。最后，贝克莱认为日常物体在不被人感知时仍然存在。贝克莱阐述了区别现实与幻觉的方法，以及人类如何发展科学并探索环境，解释了人如何认识自己以外的心灵（包括上帝的心灵）。接下来第四章将会详细介绍贝克莱关于非物质论与唯心主义的论证。

贝克莱关于非物质论与唯心主义的论证

第四章

现在，我们可以来看看贝克莱用来证明“物质不存在”（非物质论）以及“日常物体仅仅只是概念的集合，并且概念的存在前提是被感知”（唯心主义）的主要论证过程。贝克莱过世至今，人们重新命名了他的许多论证策略，如“感知的不可分离性论证”（argument from conceptual inseparability）以及“同一性论证”（identity argument）等，请各位注意，贝克莱本人并没有使用以上这些称谓，不同的学者对贝克莱的同一性论证也可能采取不同的称谓方式，本书将会采用最常用的称谓，但它们只是一种代号，希望大家能够明辨。

首先我们将讨论“人类通过感官认识到的是感觉（的集合）”这一论点，随后讨论贝克莱的领衔论证（master argument），许多人将“人类通过感官认识到的是感觉（的集合）”这一论点看作是贝克莱玩的一个拙劣的文字游戏，目的就是从定义上否认独立于心灵的物质的存在，笔者将通过本书向各位证明贝克莱的领衔论证并非拙劣的文字游戏，至少在《原理》一书中不是，与其说这个论证是单独为了否定“独立于心灵之外”的物质，倒不如说这是贝克莱对物体“是概念的集合”的定义的衍生观点。

其次本书将会讨论贝克莱用来证明日常物体的属性只是心灵中的概念的一组论证：“感知相对性论证”（argument from perceptual relativity）和“同一性论证”。“感知相对性论证”的前提是“感知环境决定了感知者能够感知到的感知客体的属性”，也就是物体的属性并非稳定客观的物体自有属性，而是感知者的主观体验。贝克莱的同一性论证则认为人们感知的（至少部分）物体属性与疼痛和快感之类的感觉本质上是同一类事物，因此不能独立存在于感知者的心灵之外。

最后，本书还会涉及贝克莱对“抽象概念”的反驳，比如他如何从“世界上不可能存在独立于心灵的物质”过渡到将物体的属性全部归为心灵中的感觉（贝克莱认为“世界上存在独立于心灵物质”的观点纯属无稽之谈）。

此外，本书还将呈现人们对贝克莱以上论证的一部分质疑。笔者个人的观点是：许多原著的读者忽略了贝克莱的“人们通过感官能够认识到的不仅仅是概念，更确切地说是感觉”这一重要观点，笔者将会向各位证明只要牢记这一观点以及贝克莱关于感觉的本质的解释，就可以解决许多对贝克莱的质疑。然而，用这种办法来维护贝克莱哲学有守株待兔的嫌疑，因为贝克莱对于自己哲学最重要的一个前提并没有进行妥善的证明，因此笔者认为贝克莱没能成功证明非物质论和唯心主义。贝克莱的非物质论和唯心主义的重要前提是“人类通过感官认识到的有且仅有的感觉”，但对于这一前提，贝克莱的论证尚显不足。

请各位注意，接下来笔者对贝克莱的评价可能会引发相当多的争议，许多学者未必认同笔者的说法，但笔者个人认为这一评价是中肯的，同时也会辅以佐证，希望能得到大家的认同。但同时也请大家牢记第一章中关于保持独立思考的内容，请各位形成自己对贝克莱的认识，笔者所评所点仅供各位思考。读完本书，读者朋友们可以思考：是否同意笔者对贝克莱哲学的评价？如果不同意，各位能否言之有据地指出笔者的评价错在何处？如果大家同意笔者的说法，可以翻阅其他关于贝克莱的著作找出与本书不同的观点，并思考两种观点的正误。简言之，读者朋友们的首要任务是形成自己对贝克莱哲学的判断，如果本书能够有一分助益，笔者将感到荣幸之至。

第一节　贝克莱所有论证的前提：人类通过感官认识的是感觉

贝克莱通过《原理》第一部分前八节以及《对话》中海拉斯和斐乐纳斯的第一轮实质性对话提出“人类通过感官认识到的是感觉”这一观点并指出所谓的“通过感官感知的事物”“可感特质”和“可感事物”都是感觉。在此基础上，贝克莱得出了日常物体就是概念的集合（同时暗示日常物体是人类通过感官获知的事物之一）因而无法独立于心灵之外存在这一结论。研究贝克莱对这一大前提的论证至关重要，值得我们遍寻《原理》《对话》每一个版本的每一处细节，而后才能够对贝克莱哲学做出初步评价。接下来的两节是原著的注解，单独阅读本节可能有些枯燥，建议大家找到《原理》《对话》的相关章节进行对照阅读和理解。

《原理》1—8节

在《原理》第一节中，贝克莱将“印刻于感官的概念”归为“人类知识的客体”（也就是人类可以了解的事物），紧接着贝克莱还列举了数种通过感官获得的感觉，比如某些曾被17、18世纪哲学家认定为人类对世界的反应的日常物体属性（如颜色、软硬、气味、味道和声音）以及通常不被定义为人类反应的光线、运动和阻力等属性。贝克莱认为日常物体就是这些概念的集合。

第二节主要讲述心灵的本质以及心灵与概念的关系。第三章中贝克莱声称日常物体是由“感觉或者印刻于感官的概念”组成的，不能独立于心灵之外存在。正如本书第三章所言，贝克莱使用“感觉”和“印刻于感官的概念”时的指代对象其实是同一件事物。我们可以认为贝克莱所说的“印刻于感官的概念”就是感觉，而在第三章第一节中贝克莱列举的“概念”的例子其实也可以理解为是“感觉”的例子。

贝克莱继续在《原理》第三节中证明了“物体由感觉组成，不能独立于心灵存在”的说法，首先贝克莱重新定义了人们常说的“可感物体”（很明显贝克莱将“可感物体”当作“感觉”或者

“印刻于感官的概念”的另一种表达）。例如，贝克莱认为气味的存在等同于有人产生某种嗅觉，换句话说，气味存在的前提是有人对该气味产生感觉。贝克莱认为通过这样的分析，我们的直觉告诉我们由概念组成的物体不能独立于心灵之外存在，贝克莱还将这种分析应用于其他被贝克莱定义为感觉的事物以及这些事物的属性：声音、颜色、形状等。一件物体的存在必须以被人感知作为前提。贝克莱认为这一说法顺理成章，并得出了结论：物体的存在必须以被人感知作为前提——“存在即被感知”（esse is percipi）。

第四节中贝克莱重申了这一分析，指出“可感对象”（即概念的集合）在没有被人感知的情况下继续存在是“明摆着的伪命题”。日常物体是人类自己的概念或者感觉，因为日常物体是我们通过感官认知的对象，同时，感觉或经整合的感觉不可能存在于心灵之外。

在第五节中，贝克莱重复了感觉的存在必须被某人感知的论点，紧接着列举了人类感知的物体，包括空间（物体在二维或三维空间中的分布和延伸）以及形状。贝克莱将上述事物归入“感觉、想法、概念或是感官印象”，这些词在贝克莱那里都是同义词。贝克莱认为“相信可感事物在不被人感知时依然存在”是抽象化行为，而抽象化行为是贝克莱无法接受的。

贝克莱认为抽象化行为（从一个可感物体身上提炼升华出一个更进一步的概念）是无法实现的，因为抽象化行为就是试图从自己正在感知的感觉中提炼出不被任何人感知的感觉，而不被任何人感知的感觉是不存在的。因此，贝克莱认为想象一个真实存在却没有被任何人感知的“可感事物”（即一种感觉或者感觉的集合）是不可能的任务。最后，贝克莱提出了一个准则作为论证“人们无法想象出一个不被任何人感知的物体”的重要前提，同时也是反驳抽象概念理论的重要武器：人们能够感知的孤立地存在（不与任何其他事物产生联系）的事物，要么在现实中就是孤立地存在，要么在被人感知时可以独立地被感知。

第六节中贝克莱提出日常物体显然无法存在于心灵之外，同时，贝克莱还否定相信日常物体可以独立于心灵存在的抽象概念理论。贝克莱向抽象概念理论提出了一个挑战：尝试在脑海中将“可感物体”与“被感知”相剥离（很显然贝克莱暗示这是不可能的挑战）。如果我们牢记贝克莱将“可感事物”视为感觉或感觉的集合，那么贝克莱的一整套推理都合情合理。因为“可感事物”是感觉或感觉的集合，那么既然不被任何人感知的感觉不存在，不被任何人感知的“可感事物”自然也就不存在。

在第七节中，贝克莱从“物体的存在即被感知”的本质得出世界上不存在不思考的实体（即物质），相反，世界上只存在思考的实体（即心灵），同时他认为这一因果关系并不需要任何证据证明，但他还是提出了一项证据：“可感特质”（人类通过感官认识到的物体的特征）是“人们通过感官认识到的概念”（即感觉），并列举了颜色、形状、运动状态、气味和味道作为例子。贝克莱在此提出一个“概念”（在此指感觉）不可能“存在于”（作为特征或表象附着在）不被感知的事物中。简言之，贝克莱认为在“可感特质”的背后存在的基本实体不可能是不进行思考的实体（物质）而必须应是进行思考的实体（即心灵），因为“可感特质”是概念，不思考的物质无法拥有概念，只有进行思考的心灵才能拥有概念。

最后，在第八节中，贝克莱指出，表象实在论理论对于人类感知日常物体的特征或属性的时候认识到的对象是什么的解释存在缺陷：即使人类的感知概念不能独立于心灵存在，但人类的感知概念却可以反映独立于心灵存在的物体的特征或属性，而贝克莱认为“除了感觉之外再没有类似于感觉的事物”，更确切地说，一种颜色或者形状只能用另一种颜色或者形状来比拟。

这一论证的前提同样是“概念就是感觉”以及“物体属性都是感觉”。正如本书第三章所言，贝克莱认为没有独立于心灵之外存在的类似于感觉的事物，而且只有一种颜色会“类似于”另一种颜色。第八节的中心论点就是世界上不存在一个能产生类似于人类的感知概念的事物并且独立于心灵之外的物质世界，因为认知概念是存在于心灵的感觉，并且只有人类心灵中的感觉才会“类似于”心灵中的另一种感觉。

第八节的最后一个内容是反驳“世界上可能存在独立于心灵之外且能被人类的感觉复刻或反映的事物”，贝克莱给了这一观点的拥护者一个选择：要么这种事物确实是可以被感知的，因为它们本身就是感觉（因为我们通过感官认识到的除了感觉别无他物）；要么这种事物根本无法被感觉反映，也就是说感觉无法代表这种事物（因为除了感觉之外再没有类似于感觉的事物）。

总而言之，贝克莱通过《原理》一书的一至八节表明了自己的主张，我们通过感官认识到的只有自己的感觉，以此为前提可以得出结论：日常物体就是感觉的集合（同时暗示日常物体是一种人类能够通过感官感知的事物），但令人遗憾的是贝克莱并没有对该前提进行充分的论证。接下来，贝克莱更全面地表达了感觉的存在前提是被人感知，并将这一点应用在对“可感特质”“通过感官感知的事物”以及日常物体的定义中，同时要注意日常物体的存在就是被感知的特点是基于世界上不存在感觉和感觉的集合以外的事物这一前提下的。换句话说，贝克莱直接从日常物体是感觉的集合这一观点直接得出结论，日常物体不能独立于心灵存在，而没有令人信服的论证。

《对话》第174—175页以及第183页

在《对话》一书的开篇（在介绍了海拉斯对斐乐纳斯的“非物质论”感到惊奇和不解的故事背景之后），斐乐纳斯提出的观点与《原理》一至八节的思想如出一辙，斐乐纳斯同样将“可感事物”定义为可以通过感官感知的事物，只是这一次贝克莱更加严谨，给这一定义加上了诸多限制条件：他将“感知”限定为通过“直接感觉”进行感知。之所以要将对感知做限定是为了将我们通过感官直接认识的事物和我们通过感官获得感知后推断而知的事物（由推断而来的就不是人们通过感官获得的认知）区别开来。其后，斐乐纳斯同样给出了一串例子，而这些例子也与《原理》一至八节中的例子大同小异：光、颜色、形状、声音、气味、味道和“手感”（通过触摸感知到的物体属性）。笔者认为，贝克莱举的这些例子都是指感觉，若果真如此，斐乐纳斯就是在把一切“可感事物”（人们可以通过感官认识的事物）全部归为感觉。

斐乐纳斯接下来便将“可感事物”归为“可感特质”（人们通过感官感知的日常物体具有的特性）的集合，按照笔者的理解这也就意味着“可感特质”全都是感觉。然后斐乐纳斯马上试图证明每一个“可感特质”都不能独立于心灵存在。斐乐纳斯虽然没有像《原理》一至八节中那么明确地表示日常物体是通过感官获得的感觉的集合，但斐乐纳斯强烈地暗示了这一观点。在第173页，海拉斯指责斐乐纳斯是在“否认可感事物的真实存在”，而斐乐纳斯不接受这一指责。显然海拉斯在指责斐乐纳斯时使用的“可感事物”一词指代的是怀疑论者认为人类不能了解的日常物体（斐乐纳斯回应这一指责时所使用的定义）。若果真如此，斐乐纳斯就是在暗示日常物体就是“可感事物”，在他眼里不过是感觉。

此外，斐乐纳斯还将关于“可感事物”和“可感特质”的定义延伸至关于日常物体的定义：在第183页，斐乐纳斯得出了日常物体也仅仅只是感觉的结论。海拉斯则认为确实存在有着各种颜色的物体存在于心灵之外的世界，斐乐纳斯于是提醒海拉斯，人类通过感官感知到的物体指的是通过“直接感知”认识的事物，而人们通过“直接感知”唯一能够认识到的是“可感特质”（也就是感觉）。斐乐纳斯先是明确了海拉斯的观点，“有形物质”（corporeal substance，即人们认为的存在于心灵之外的事物）不是“可感特质”（即感觉）的集合，然后给了海拉斯一个选择：要么有形物质是“可感特质”，要么不是。如果不是的话，那么我们就可以通过感官认识到除“可感特质”之外的事物，然而这与先前两人达成的共识（人们通过感官能且仅能认识到感觉）不符，斐乐纳斯因此得出结论，有形物质事实上就是“可感特质”（即感觉）。

在此我们必须注意一件事情，贝克莱的论证是有效论证（Valid argument），该论证的前提是人们通过感官能且仅能认识到感觉，而日常物体是人类认识到的事物之一，如果这一前提为真（true），那么就能100%保证结论（“可感特质”以及日常物体都是感觉的集合）为真。但问题是这是否是一个可靠论证？前提是否为真？如果前提不为真，那么这个论证即使是有效论证，也是无用的。

第二个前提（“可感特质”和日常物体是被人类感知的）显然是真的。但是第一个前提（人们通过感官能且仅能认识到感觉）是否为真呢？这个前提对于贝克莱的哲学至关重要，可以称得上是整个贝克莱哲学的基础。那么究竟“人类通过感官感知到的一切都是感觉”是否为真？大多数人会认为人们认识到的不光是感觉，当我们睁开眼睛或者用手触摸这个世界的时候，我们可以看见或者感觉到一些不是感觉的东西：物质的部件，比如桌椅等。或许正是出于这一原因，所以贝克莱在《对话》中做出了更加严谨的限定：斐乐纳斯将“通过感知认识的事物”限定为通过“直接感知”，也就是在“暗示机制”运作之前且不经过“推断”的人们通过感官获得的瞬时的第一手感觉。也就是说，贝克莱哲学的前提可以梳理成：人们通过感官在感知的瞬间认识到的有且仅有的感觉。那么这一论点是否为真？

评价这一论点的角度很多，笔者将会把重点放在其中一个角度。我们以视觉为例，在第三章中，贝克莱提出人们睁开眼睛接收到的是颜色的矩阵排列，这些颜色有不同的边缘、可能在视野中移动。前文中笔者曾提到，贝克莱将人们通过视觉获得的认知定义为颜色的矩阵，实际上就等于是把人的视觉画面等同为由像素点排列而成的电视屏幕或是由油彩堆叠而成的油画。这种说法你是否认同？如果你能认同，并且你也可以接受“人们通过感官认识到颜色时是获得了某种感觉”这一观点（以及许多其他观点），那么或许你很快就会与贝克莱站在统一战线上了。

类似的看法也可以套用在其他感知经历上，比如触觉、听觉、嗅觉和味觉。当你用手抚过某一物件的一瞬间，或许你认识到的是“触觉”的矩阵排列；倾听的瞬间获得的是“听觉”的矩阵排列；闻到咖啡香气或是尝到凤梨的时候，正如贝克莱所言，获得的是某种感觉或经历，而且这种感觉或经历与你的关系极其密切，其本质就是你自己心灵中的概念。你能否同意贝克莱的论点延伸应用在这些感知经历上？如果同意，那么你离成为贝克莱的拥护者又近了一步。

有些人很容易就能够接受通过这种方式看待感知活动，将通过感官获得的信息想象成感觉的矩阵排列，而有些人则无法接受这样看待感知活动。笔者感到自己从贝克莱的思想中获得许多启发，在阅读原著的当下会感到“人通过感官认识到的都是感觉”具有充分的合理性，但平时在观察世界时，还是将通过感官获得的认识解读为存在于笔者心灵之外的物质。

塞缪尔·约翰逊博士（Dr. Samuel Johnson，1709—1784，勿将此人与贝克莱的好友塞缪尔·约翰逊牧师相混淆，塞缪尔·约翰逊牧师是一位美国牧师、哲学家，同时也是常与贝克莱通信的好友）

不赞同贝克莱的这一观点，他认为人通过感官认识的就是存在于人心灵之外的物质，他是著名的辞典撰写家。约翰逊博士在接受采访时，一脚踢在石头上，并称："这就可以证明贝克莱理论是错误的。"约翰逊博士认为人们借助自己的感官就可以证明物质世界的存在。

但是，约翰逊博士对贝克莱的这一反驳可以说是哲学史上最弱的一击，因为约翰逊博士完全没有透彻地理解贝克莱哲学。假设贝克莱是正确的，世界上不存在物质，是上帝创造并安排了每个人心灵中的概念，那么约翰逊博士在踢石头的一瞬间经历的是什么呢？因此，约翰逊博士的失败之处在于他没能通过自己对感知经验的其他解读来证明感知经验并非是由上帝在没有物质存在的情况下创造的。

然而，"人们通过感官认识到的就是存在于自身心灵中的概念或经历"的说法确实饱受争议。在贝克莱的时代，有许多其他的感知理论认为人们通过感官直接认识到物质世界中存在的物质。根据直接现实理论，我们通过感官认识的不是自己的概念而是物质世界中的客观对象，此外，"人们通过认识自己的感觉并不是认识到了与心灵无关的物质"的说法也招致不少非议。一些当代哲学的感知理论认为人的感觉记录和反映心灵之外的物质的特征，比如一个被称为“意向论”（intentionalism）的认知理论就认同该观点。本书不会深入讨论关于感知的其他解释是否正确，笔者提出这一点只是为了告诉大家学界对感知的解释纷繁复杂，人们通过感官（至少在感知当下的一瞬间）认识到的是否是概念以及通过感官人们是否可以认识到心灵之外的物质，这些问题尚未有定论。最终，思考与抉择的自由掌握在每位读者手中，本书的余下部分还会为读者提供一些思考的素材，以帮助大家决定是否接受贝克莱的观点：人们通过感官认识到的是感觉，这些感觉不能代表一个物质世界，因为除了感觉之外再没有类似于感觉的事物。

第二节　领衔论证

在《原理》一书的第22—24页以及《对话》的第200—201页中，贝克莱提出了在哲学史上受到非议最多、被称为贝克莱“领衔论证”（master argument）的理论。根据对这一理论的标准解读，贝克莱认为人们无法想象出一件不被任何人思考的事物，因为当一个人想象不被任何人思考的事物时，这个人自己就在思考这件事物，因此，日常物体不可能在不被任何人思考的情况下存在，也就是无法存在于心灵之外。大多数人在读到贝克莱的这一观点时，会将其称为粗劣的文字游戏，认为贝克莱是在玩弄概念以诱导读者同意日常物体是基于心灵而存在的。通过本书对《原理》《对话》的相关章节的研读和评价，读者朋友们可以形成自己的思考。

《原理》中的领衔论证

在《原理》中，贝克莱提出要证明物质是不存在的是非常容易的，而要做到这一点只需要假设日常物体拥有独立于心灵之外的属性，因为日常物体拥有独立于心灵之外的属性这一说法本身充满了矛盾，是无稽之谈。贝克莱甚至称只要有人可以构想出一个独立于心灵之外存在的物体，他就承认独立于心灵之外的事物的存在。

在第23页中，贝克莱自己提出了一种可能的构想：如一棵不被任何人感知的树。但贝克莱认为这一构想不足以动摇他的哲学，因为这一构想其实就是“树”的概念与“树旁没有感知者存在”的概念的简单叠加，然而却不能证明人类的思考对象存在于心灵之外。当我们试图想出一件存在于心灵之外的事物时，我们实际上只是在观察解读着自己的概念。人们认为自己能够认识到心灵之外的事物其实是一种幻觉，这些事物全部都存在于心灵中或被心灵解读。

《对话》中的领衔论证

海拉斯认为，虽然物体的单个属性不能存在于心灵之外，但是属性的集合（也就是可感事物）却可以，斐乐纳斯用领衔论证回应了海拉斯：只要海拉斯能够说出一个存在于心灵之外的属性的集合，斐乐纳斯就接受海拉斯的观点。海拉斯试图用人们可以认识到一棵不存在于任何心灵中的树的例子来说服斐乐纳斯，但随后海拉斯又自己承认“人可以看见不被任何人看见的事物”和“人可以感知到不被任何人感知的事物”都是自相矛盾的说法。最后，海拉斯承认自己挑战失败，因为他提出的例子不过是“树”的概念与“树旁没有感知者存在”的概念的简单叠加，而且也没能构想出独立于任何心灵之外存在的日常物体。

针对领衔论证的两个常见反对意见

领衔论证受到的非议非常之多。领衔论证的论点是日常物体不能在不被感知的情况下存在（也就是存在于心灵之外），当一个人试图感知一件“不被感知”的事物时，这件事物就被这个人感知了，也就是说人永远不可能成功感知一件不被感知的事物。

如果这样解释领衔论证，许多人会认为这一论证不堪一击，然而领衔论证在许多学者看来却远非乍看之下那么简单，并且，越来越多的人认为应该将这一论证与贝克莱反驳抽象概念存在的论证过程相结合以真正解读贝克莱的意图（本章中后面部分将会为大家介绍贝克莱如何否定抽象概念的存在）。本书强调如果结合对抽象概念的反驳来理解领衔论证，各位将会发现领衔论证远比想象中的更成熟。但要做到这一点，我们首先面临着一个问题，那就是贝克莱自己在《原理》《对话》中似乎一直坚持认为单凭领衔论证就足以击溃唯物主义。我们先来看看针对领衔论证常见的两种反对意见，然后笔者将会谈一谈自身对领衔论证的认识。

第一个反对意见由乔纳森·丹西（Jonathan Dancy）于其书《贝克莱：简介》（*Berkeley：an introduction*）中提出，那就是即使领衔论证是一个有效论证（也就是如果前提正确，那么就能够100%保证结论正确的论证），领衔论证也不能够全面否定唯物主义，他认为领衔论证只能得出一个错误的结论，远远不能证明世界上不存在心灵以外的物质，因为领衔论证只能够证明我们正在感知的事物在我们感知这件事物的当时不可能不被感知，而唯物主义认为日常物体可以在某些时刻不被感知，也就是说，“我们今天感知的这棵树明天不存在”这一言论完全不存在矛盾。

另一个常见的反对意见认为领衔论证不是有效论证，因为贝克莱其实杂糅了“不被感知”这一表达的两个意义，而这两个意义其实是互不相干的：当我们的心灵产生一个想法时，由于“想法”本身就是存在于心灵中的抽象的事物，当然我们的感知对象不可能存在于心灵之外，但是，如果这个“想法”是“关于”或者“属于”什么事物的，那么似乎人们很可能可以感知不被感知（存在于心灵之外）的事物，即使心灵获得了与该事物“相关”的想法，该事物本身依然没有被感知，也就是说，你在想它，它却不存在于你心灵中。根据这一观点，贝克莱的领衔论证中的“不被感知”的意义不够明确，可能有两种解读（或许这是因为贝克莱在有意地玩弄定义）。如果我们严格区分这两个意义，那么领衔论证就站不住脚了。

对领衔论证的重新解读

我们先暂时搁置这两个反对意见。首先，笔者想要阐述一下自己对领衔论证的理解。贝克莱自信可以用领衔论证来彻底击溃唯物主义。在《原理》第22页，贝克莱认为自己已经花费了太多篇幅在“这个问题”（证明世界上不存在物质）上，他认为通过第21页的论述就足以将这个三言两语可以证明的问题解释清楚，在此贝克莱宣布自己已经将人能否感知存在于心灵之外的对象这个问题解释完毕，然后提出了他的领衔论证。而类似地，斐乐纳斯也在《对话》中的相应处表示这个问题已经得到了完全的解决，他的原话是：我先前所言的一切足矣。这么看来，似乎贝克莱认为仅凭领衔论证就足以击溃唯物主义。

然而，笔者却认为我们应该勤思慎度，比如再三思考斐乐纳斯的“先前所言”究竟指哪些内容。首先，在《原理》一书的开头，贝克莱使用了前八页的篇幅来对“可感特质”“可感物体”和“通过感官认识的对象”进行定义并勾勒出“人们通过感官感知的一切都是感觉，因此日常物体是感觉的集合”这个大前提。然后贝克莱在第9—21页进行了一系列论证反对物质的存在，这些论证中有许多都是以前八页中的大前提为依据的。笔者认为，贝克莱担心自己花费了太多篇幅在否定物质的存在上这一点说明了贝克莱认为自己已经将领衔论证交代清楚，也就是说读者们必须将前八页中的所有定义和前提牢记于心。

解读《对话》的相关内容也是同理，海拉斯提出即使日常物体的单个属性不能独立存在于心灵之外，但是由这些属性组成的“可感物体”却可以，斐乐纳斯用领衔论证来回应了海拉斯的这一想法，他同时还提醒海拉斯在前面两人已经分析了每一个“可感特质”，得出了所有“可感特质”都不能独立于心灵之外存在的结论，并且从感知的不可分离性角度总结了领衔论证。斐乐纳斯随后表示，证明物体属性不能存在于心灵之外的论证还需要先前介绍过的其他条件。我们很快会谈到这些其他条件（如感知相对性论证）也是以认同“人们通过感官认识到的只有感觉”为前提和基础的，这一点可以在《对话》第174—175页找到依据。因此，当斐乐纳斯提出一个新的论证：领衔论证来证明“可感物体”不能独立于心灵之外存在时，笔者认为在此处斐乐纳斯并没有抛开先前讨论中已经和海拉斯达成共识的一切前提和定义。笔者认为，斐乐纳斯的那句“所言的一切足矣”是指在同意先前的所有定义和前提的情况下（包括感知的相对性论证，感知的不可分离性论证），单凭领衔论证就可以彻底击败唯物主义。

总而言之，笔者认为，贝克莱并不希望我们在使用领衔论证时抛开先前的所有定义和前提，即使他在提出领衔论证之后表示“足矣”。我们完全有理由相信贝克莱的真实意图是领衔论证比起其他论证而言能够最有力地击溃唯物主义，但这在笔者看来离不开对如“可感特质”“可感物体”以及“通过感官认识的事物”这些关键词的定义。按照常理来看，贝克莱也不可能会在完全抛开先前的一切定义和前提的情况下使用领衔论证，任何哲学论证都应该是在一定的前提和定义下展开的，而贝克莱甚至花费了《原理》《对话》开头的大量篇幅对相关关键词进行定义。因此笔者的结论是领衔论证的解读必须要参考贝克莱对于“可感特质”“可感物体”以及“通过感官认识的事物”这些关键词的定义以及一个大前提：“人们通过感官认识的对象以及日常物体都是感觉（的集合）”。

如果我们同意贝克莱的这一大前提，并以此为切入点，我们就可以获得一个研究《原理》和《对话》中的领衔论证的崭新视野。

再议《原理》中的领衔论证

翻到第22页，我们可以看到贝克莱先是提出了“存在于心灵之外的物体的属性”自相矛盾，然后才在领衔论证中要求读者们“感知一个存在于心灵之外的物体”，并指出这是不可能完成的任务。现在大家已经牢记贝克莱将“可感特质”定义为感觉，既然感觉是概念，不可能存在于心灵之外，那么“存在于心灵之外的物体的属性”当然是自相矛盾的。然后贝克莱要求读者试着想象出一个存在于心灵之外的“分布在空间中的移动的物体”（即任何一个物体），然而，由于贝克莱将日常物体定义为概念的集合，那么自然也不可能有一个这样的物体。

第23页，贝克莱承认人们可能在想象出一个“树”的概念的同时叠加一个“没有任何人感知这棵树”的概念从而构造出一个“没有被感知的树”的存在。但是，贝克莱认为这不能算作人类概念的对象存在于心灵之外的例子。贝克莱指出，因为日常物体都是感觉（或曰概念）的集合，所以日常物体不应该独立于心灵之外存在。在这一解释下，当人们试图感知心灵之外的物质时，实际上是在“理解自己的概念”（或曰感觉），因为这些“物质”实际上就是感觉的集合。人们认为自己可以认识到存在于心灵之外的“物质”（其本质是感觉的集合）是一种错觉。正因为这些“物质”是感觉的集合，所以它们必须存在于心灵之中并被心灵感知。

再次强调贝克莱的大前提：日常物体都是感觉的集合，那么我们可以看到贝克莱在第24页得出的结论“可感物体在心灵之外的存在的说法自相矛盾或者纯粹是无稽之谈”是合情合理的。

如果笔者的解读正确，那么在《原理》中对领衔论证的常见解读其实曲解了贝克莱的真实意图：贝克莱通过“人们不能感知不被感知的事物”想要表达的并不是“如果你在心里假设一件不被感知的事物存在，那么这件事物被你感知，所以说人不能感知不被感知的事物”，而是“因为感觉的集合不能存在于心灵之外，所以人们不能感知不被感知的事物”。

经过上述分析，对于领衔论证的常见解读其实是“削足适履”的认识。并不是“日常物体不可能存在于心灵之外的原因是人们无法对任何存在于心灵之外的物体产生认知”；笔者的解读是“我们之所以不能够感知到存在于心灵之外的物体，是因为概念尤其是感觉不能存在于心灵之外”。通过要求读者尝试着“想象一件存在于心灵之外的事物”，贝克莱其实是在测试人们感知的对象以及日常物体都是概念的集合这一大前提，而这个要求是不可能完成的，因为感觉作为一种概念不可能存在于心灵之外。

然而根据笔者的理解，《原理》中的领衔论证并不是对“日常物体不能存在于心灵之外”的独立论证，而是由大前提衍生出来的观点的重复表述，如果真的是这样，为什么贝克莱要把同样的事情说两遍呢？一种可能是贝克莱在第22—24页通过提出领衔论证来提醒读者，虽然在第9—21页自己否定独立于心灵之外存在的物质的论证（在他自己看来）非常成功，但是读者们还是要牢记第1—8页的所有定义。还有一种可能是贝克莱通过提出领衔论证来预测以及回答对手最有可能的反驳，通过这一个小小的实验就可以证明存在于心灵之外的物体是无法想象的。值得注意的是我们将《原理》第22—24页的论证称为“领衔论证”有可能实际上是个误区，因为给其单独赋名似乎暗示贝克莱给出了一个全新的论证，然而事实上贝克莱只是将第4页的内容换了一种表达。

再议《对话》中的领衔论证

然而，笔者在上一段中对领衔论证的解读未必完全适用于《对话》中的版本。原本在《原理》中的大前提“日常物体都是感觉的集合”的直白表述没有出现在《对话》中。在《对话》中，斐乐纳斯只是依靠“任何在思考‘不被人感知的物体’的人就是该物体的感知者，因此这个物体‘是’被感知的”这一个观点就提出了领衔论证。也就是说，《对话》版的领衔论证正好印证了人们对领衔论证的常见解读。

《原理》版领衔论证可以由笔者的方式解读，但《对话》中的领衔论证却不可以，这应当如何是好？当然大家可以认为笔者的解释仅仅只是一厢情愿，贝克莱从来没有想过自己的这一论证可以从笔者的角度去解读，而常见的大众解读正确地反映了贝克莱的原意，笔者只是钻了贝克莱一个无心的空子。

笔者的观点则是贝克莱很可能在两本书中提出了两套论证，也就是说《原理》中的领衔论证不等于《对话》中的领衔论证。《原理》中的领衔论证可以像笔者这样解读，而《对话》中斐乐纳斯提出的领衔论证则应该理解为在“人的概念的对象只能存在于心灵之中”这一前提下，请读者感知一件“不被感知的事物”，正如人们的常见解读。

假设笔者的观点是错误的，笔者对《原理》版领衔论证解读的是贝克莱的真实意图，但是暂且不论贝克莱的意图是什么，事实上，贝克莱确实创造了另一种解读领衔论证的可能性：这种解读既忠于《原理》原文，又符合《原理》第1—8页以及《对话》第174—175页的定义和前提。如果现实情况给了笔者对领衔论证解读的机会，那么其实笔者的解读可以帮助贝克莱回击前文中提到的两个常见反驳。

再议针对领衔论证的两个常见反驳

如果按照领衔论证的常见解读理解领衔论证，那么这两个反驳可以轻易将其驳倒。但是，如果按照笔者的解读，结果又会如何呢？

第一个反驳观点认为虽然领衔论证成功地证明了我们正在感知的事物在当时不可能不被感知，但是这不代表这一事物在感知行为发生时间以外的时间不能独立于心灵之外，举例而言，“今天我感知到了明天没有人感知的树”这一说法完全没有问题。然而，在笔者对领衔论证的解读中，贝克莱的观点应该是日常物体在任何时候都不能存在于心灵之外。这不是说因为你一直在对感知客体进行感知才使得日常物体一直存在于你的心灵中，而是因为日常物体是感觉的集合，而感觉作为概念任何时候都无法存在于心灵之外。正因为如此，所以说“今天感知到了明天没有被感知的树”还是自相矛盾的，因为组成树的概念集合中的所有概念在过去、现在、将来都是出于被某些心灵感知才存在的——即概念的存在就是被感知（esse is percipi）。

第二个反驳观点认为即使贝克莱的领衔论证乍看之下很成功，但它的成功也是因为贝克莱将相互之间并无瓜葛的“不被感知”一词的两个意义杂糅在了一起。如果“不被感知”一词的意义是“正不被任何人思考”，那么确实我们不能感知不被感知的物体，但是，如果按照笔者对领衔论证的解释，贝克莱认为人不可能感知存在于心灵之外的日常物体，是与其在前面章节的定义和前提相统一的，因为日常物体是感觉的集合，而我们当然不可能感知存在于心灵之外的感觉，所以根本就不存在不被感知的物体。

简言之，笔者认为，深入思考领衔论证之后大家就会发现领衔论证（至少《原理》中的版本）不是否定物质存在的独立论证（独立于贝克莱的其他观点），相反，这是对先前的定义（“可感特质”“可感物体”“通过感官感知的对象”等）和前提（我们通过感官感知的对象以及日常物体都是感觉的集合）的延伸和发展。按照笔者的解释，《原理》版的领衔论证不是利用了“人们不能感知现在正不被感知的物体”这一前提，而是利用了“感觉或概念不能存在于心灵之外”这一前提。笔者对领衔论证的重新解释可以有力地击败反对观点。请读者们保持自己的独立思考，其后再抉择是否同意笔者的观点，并旁征博引寻求是否可以通过其他方式解读领衔论证以回避反对声音。

第三节　同一性论证

贝克莱使用同一性论证来证明（至少部分）人们可以感知的日常物体的属性其实就是感觉，并非任何他物，因此无法存在于心灵之外。贝克莱想要通过证明“人感知的物体的（至少部分）属性”就是感觉来证明（至少部分）“人通过感官感知的对象”就是感觉。这里请读者回忆一下贝克莱在《原理》《对话》的开头强调我们通过感官认识的所有事物都是感觉（的集合），但当时贝克莱并没有提供任何论证，而同一性论证的出现标志着贝克莱开始对这一观点进行论证。

贝克莱在《对话》的第175—178页完整地提出了同一性论证，并在第179—181页以及（可能在）第191—192页对其进行了延伸和拓展。贝克莱借斐乐纳斯之口阐明了“物体的许多被我们感知的特质不能存在于心灵之外”。

作为一点题外话，许多哲学家认为人们认识的物体属性不等同于存在于物体自身的属性。以“热”这一属性为例，从人对物体属性的认识角度解释物体的温度是指人类的感知体验，而从物体自身的属性角度解释温度是指物体表面的分子的运动状态——分子运动得越快，物体的温度就越高。显然，人们认识的物体属性以及存在于物体自身的属性之间存在关联。通常情况下，物体表面的分子运动得越快，人感到该物体越热。然而，我们触摸该物体并感到热时直接认识到的是自己的感觉或者体验，而不是直接认识到这个物体表面的分子移动得很快这一现象，经历者对于自己的切身体验可以描述得很清楚，然而感知者却很少会用“这个物体表面的分子正在快速移动”来形容发生了什么。贝克莱通过同一性论证想要说明人们在使用感官认识物体的各种特质时的体验其实就是感觉。

贝克莱在同一性论证明确列举的物体属性有冷热、味道和气味，贝克莱通过同一性论证阐明“这些我们感觉到的物体属性其实就是不能存在于心灵之外的感觉，正如愉悦和疼痛等”这一观点。

斐乐纳斯和海拉斯先从“热”这一属性入手，《对话》中的同一性论证的第一个前提是：“要么所有的温度都与心灵无关，要么所有的温度都存在于心灵中。”换句话说，热这一属性的形而上学定义是非此即彼的：要么所有与温度相关的属性都是人类心灵的一种反应，要么所有与温度相关的属性都是物质实体的真实特征，与心灵的反应无关。

第二个前提是温度与疼痛等人类的内在感觉在本质上是同一件事物，因此，既然疼痛只能存在于感知者的心灵中，那么温度也是一样。其后斐乐纳斯对这一观点做出了延伸："温暖"作为程度比较轻的"热"，它们之间的关系正如"喜悦"和"狂喜"这一组感觉一样，都是一样的只能够存在于感知者心灵中的事物。

根据以上这两个前提，我们可以得出一个结论：所有的温度（任何程度的"热"）都只能存在于心灵之中——温度是依存于心灵而存在的属性。

讨论了温度这一属性之后，海拉斯将同一性论证拓展运用到了不同程度的"冷"上，认为不同程度的"冷"也只能存在于感知者的心灵中，理由同上。也就是说，不同程度的冷其实也与疼痛、愉悦的感觉一样，只能存在于心灵之中。斐乐纳斯其后还提出"甜"的感觉类似于"轻度愉悦"，"苦"的感觉类似于"轻度痛苦"，不同的气味类似于不同的"舒畅"或"不舒畅"感，并且在拓展运用的过程中，斐乐纳斯反复强调所有的属性都是依存于心灵的。

海拉斯多次对同一性论证提出异议。首先，海拉斯认为并不是“烫”的感觉等同于“疼”的感觉，而是“烫”的现象引起了“疼”的感觉，“烫”和“疼”不是一回事。而斐乐纳斯回答道：人通过“内省”（introspection，人类审视自己心灵的行为）会发现在“被烫”的经历中，疼痛感和烫感是一个不可切分的复合感觉，也就是说感受到的烫感和疼痛感是同一个感觉。

海拉斯的第二个异议是假设第一个前提“如果某种程度的‘热’是仅存于心灵中的概念，那么任何程度的‘热’都是仅存于心灵中的概念”不成立，前文所讲“疼痛感和烫感是一个简单的复合感觉”这一点也不成立。在书中此处，斐乐纳斯将“温暖”与“愉悦感”等同起来，因此理所当然地认为“温暖”也是一种存在于心灵中的感觉。海拉斯则反对说有些时候某个温度既没有使人感到痛苦也没有使人感到愉悦，那么该温度岂不是超出讨论范围之外了吗？针对这一问题，斐乐纳斯的回答不再是同一性论证，而是利用了感知相对性论证，但在斐乐纳斯开始介绍感知相对性论证前，斐乐纳斯要求海拉斯独立思考，也就是通过审视他自己的内心，并利用自己的发现来解决自己先前提出的这个异议。

笔者还需要对同一性论证进行一点补充，人们可能会用“某个温度可能既不是痛苦的感受也不是愉悦的感觉”来挑战同一性论证的正当性。《对话》第191—192页中斐乐纳斯试图用自己的方式解释当下的哲学家为什么认为“初级属性”是真实的存在（也就是存在于心灵之外）而认为“次级属性”不是。斐乐纳斯认为有可能是痛苦或愉悦的感觉只会伴随着“次级属性”出现，许多哲学家认为“冷或者热、气味和味道等相比于初级属性更容易激发愉悦感或痛苦感”，但斐乐纳斯并不赞同这一观点，他认为这种说法是没有理性依据的。斐乐纳斯同时也反对海拉斯“有些温度既不令人感到痛苦也不令人感到愉悦，那么这些温度就不是人心灵中的感觉”的观点。斐乐纳斯提出“一种既不痛苦也不愉悦的感觉照样也是感觉”，也就是说，斐乐纳斯认为当人们感觉到一个既不让人痛苦也没有带给人愉悦的温度时也是获得了感觉。

海拉斯对同一性论证的最后一个异议是物体属性作为人的感知体验确实只能存在于人的心灵之中，然而物体属性如果作为“存在于外缘世界的物体的特征”就不是存在于心灵之中的了。斐乐纳斯的回答是这个异议和他们的讨论驴唇不对马嘴，因为两人的对话分明就是在“人们通过感官认识到的有且只有感觉”这个大前提下展开的，讨论的对象不涉及任何“存在于外缘世界的物体”。根据第

174—175页两人达成的共识的关键词定义，物体属性只能作为人的感知体验为人所知（直接被感知）。“存在于外缘世界的物体的特征”不仅不在同一性论证的讨论范围之内，并且也是人们无法认识的对象。贝克莱认为根据唯物主义者的解释，我们不可能认识到既不是概念又不存在于心灵之中的物质对象。

最后，作为一点题外话，斐乐纳斯似乎使用同一性论证这个新的论证来证明“人们感知到的物体属性都只能存在于心灵之中”这个老论点。斐乐纳斯认为痛苦或者愉快等人的抽象感觉和冷热、味道、气味等具象感觉一定是一同出现的，而且事实上这两种感觉本质上是相同的。这种论证的形式与感知的不可分离性论证是一致的，在对话中斐乐纳斯用感知的不可分离性论证证明“初级属性”也无法存在于心灵之外。许多学者认为，贝克莱之所以安排在对话的此处使用感知的不可分离性论证是因为这顺承了同一性论证中对抽象概念的否定，同时，对抽象概念的否定是感知的不可分离性论证的关键。但在笔者看来，同一性论证并不涉及贝克莱对抽象概念的否定，因为此处的论证与感知的不可分离性论证的论证是统一的，而与同一性论证的论证存在出入。

对同一性论证的评价

接下来笔者将介绍学者对同一性论证的两个常见反对意见，同时为读者提供两条参考思路。笔者个人认为同一性论证无法证明人们感知的日常物体的某些属性就是感觉，但笔者认为这对贝克莱的整体哲学影响不大，因为贝克莱进一步证明了日常物体的属性无论如何定义都不能存在于心灵之外。

学者们对同一性论证的第一轮反驳就是我们应该区别“人们体验到的温度”和“物体真实的温度”，即“人们体验到的温度”不过是人的感觉，“物体真实的温度”却不仅仅是人的感觉。前文已经介绍过贝克莱预测的可能出现的非议以及应对的策略：对话第180页中海拉斯曾提出人体验的物体属性和物体自身的特质的区别，斐乐纳斯则通过再次强调前文对讨论的范围的限定来回应海拉斯，反对牵扯进物体自身特质这一不相关的话题。那么学者们的这一反驳也可以说是“不相关的话题”。

然而，也有证据表明虽然斐乐纳斯将讨论的范围限定在“人们感知到的物体属性”，而不涉及物体自身特质，但在同一性论证中，贝克莱存在着偷换定义的嫌疑，该论证实际上是以“人们感知的热感是唯一一种‘热’”（回避针对“物体的真实温度”的讨论）为前提进行的。

《对话》第175页，两人对话开始之初，斐乐纳斯和海拉斯认同“热”是一种“可感事物”（即人们通过感官感知的事物），但实际上在前文中，他们将“可感事物”定义为人们通过感官“直接”感知的事物（即感觉）。这就将“无论人们如何定义热，都是存在于心灵的感觉”这一观点在未经论证的情况下提前用在了论证中。

第177页，斐乐纳斯在海拉斯做出让步：“高温会导致疼痛，是存在于心灵中的感觉”之际，趁机追问：“那么这么说来，我们可以确认自然界中不存在高温物体吗？”第178页，斐乐纳斯趁海拉斯承认“有些温度会带来痛苦或者愉快的体验，也是存在于心灵中的感觉”之际，再次追问：“这么说来，我们岂不是有理由相信自然界中不存在任何温度，温度仅仅只是感觉？”在以上两个情况下，海拉斯完全可以回答：“自然界中可以存在带着各种温度的客观物体”，而他没有这么说，由此可以看出，两人已经将讨论的对象限定为“人的感知经验：热感”，而完全回避了“热作为客观现象”的讨论。

最后，第180页，斐乐纳斯问海拉斯冷、热、苦、甜等感觉（并强调它们作为“人类体验”的定义）是否都仅存于心灵之中，海拉斯同意这些感觉都仅存于心灵之中。但此处海拉斯的赞同其实来得突兀，他仿佛已经抛开了“把物体属性定义为人的感知体验还是定义为客观物体本身的特征”这一问题。问题是“只能存在于心灵之中”这一结论仅仅适用于将物体属性定义为人的感知体验的情况，但书中海拉斯与贝克莱两人已经理所当然地将这一结论推及“对物质属性的所有定义”中。

总之，贝克莱在同一性论证中确实涉嫌篡改物质属性的定义，将其限定为仅仅指人的感知体验，回避了所有对物体属性的其他定义的讨论。

虽然如此，贝克莱的同一性论证在当时并没有引发太多争议。同一性论证得出的结论是人们感知的各种物体属性，如冷热、味道、气味都是人的感觉而不是物体的真实特征。其实17、18世纪哲学家们普遍将此类“次级属性”看作心灵中的感觉，所以这样看来，贝克莱面临着一个两难的困境：虽然贝克莱通过同一性论证（狡猾地）得出了冷热等属性无论如何定义都是仅存于心灵中的感觉，但是他却没能够区别“人感知到的物体属性”和“物体自身的真实属性”；同一性论证的结论“物体属性是感觉”不过是老调重弹罢了。无论如何，贝克莱还需要进一步证明无论物体属性的定义为何，都是心灵中的感觉。接下来我们就看看贝克莱是如何深入论证这一点的。

针对同一性论证的第二点反对意见则更加直接，它彻底地反对将人感知到的物体属性与愉快或痛苦的体验等同起来的行为。贝克莱其实早有准备，他预料到了这一反驳，并提前在书中做了回应：海拉斯认为高温是痛感的起因，与疼痛感并非同一件事物。而斐乐纳斯的回答是我们通过内省可以发现人的内心同时只有简单的非复合的单个感觉。对于这一观点，许多学者们持怀疑态度。

第一，笔者认为，有时候我们可能会在感到热的同时不感到愉快或痛苦，或许这可以成为反驳贝克莱的“任何程度的热感与痛苦或愉快的感觉在本质上是同一件事物”这一观点的反例。其实贝克莱早已借斐乐纳斯之口说过“一个既不痛苦又不愉快的平淡的感觉和痛苦或愉快的感觉其实一样都是感觉”。斐乐纳斯想表达的意思是某个既不使人痛苦又不使人愉快的温度依然是感觉。但这一回答其实并不成功，因为同一性论证的提出是为了“证明”温度等物体属性就是感觉，显然利用论证的结论来证明论证成立的做法是不正确的。

或许贝克莱并不需要提出“一个既不使人痛苦也不使人愉快的

温度也是感觉”这一点，因为同一性论证的一个成立前提是只要证明了某个温度是感觉，就可以类推出所有温度都是感觉，并且这种类推与某个感觉是否使人感到愉快或痛苦无关，同一性论证的另一个前提是极度高温是感觉。这两个前提如果双双成立，那么就足以获得所有的温度都是感觉的结论。那么，与该论证相关的问题应该是：贝克莱是否能够证明极度高温是感觉？许多学者不赞同极度高温是感觉，至于究竟是不是，笔者希望大家能够独立思考。举个例子，张三不小心靠近火炉烫了手，张三手上的疼痛感与极度高温这一属性是不是同一件事物？认为不是的理由可以是：受到其他伤害也可能导致同样的疼痛感，比如被极寒的冰块冻伤，而根据等同关系的传递（即如果甲等于乙，乙等于丙，那么甲等于丙），极度高温与极度低温就是同一回事，这结论略显荒谬，如果贝克莱哲学真的会导致这类荒谬的结论，那么它就很难令人信服。

读到这里，不知大家有何感想，对这些反驳贝克莱哲学的言论是欣然赞同抑或是嗤之以鼻？请各位在保持独立思考的同时不要忘了回到原著中寻找依据，同时，其他人对同一性论证的评论也可以成为有用的参考材料。

第四节 感知相对性论证

贝克莱在《原理》中简短地使用了感知相对性论证，而在《对话》中，感知相对性论证的篇幅长了不少。感知相对性论证其实一共有三个版本，三个版本有一个共同的前提那就是人对物质属性的感觉因人而异也受感知环境的影响，并且三个版本的论证结论都是“可感特质”就是感觉。首先请各位了解一点，一些研究贝克莱的学者认为贝克莱提出感知相对性论证并不是为了论证“可感特质就是感觉”这一论点的，而是为了反驳（用对手自己的观点来将对手驳倒，比如通过指出对手观点中的漏洞来）那些不相信这一点的人，或是那些虽然认为“可感特质”也可以是物体自身的真实属性的人。笔者个人不赞同这些学者的看法，笔者认为，感知相对性论证不仅能够帮助贝克莱反驳对手，也可以证明贝克莱观点的正确性。当然还是那句话，选择接受什么观点，选择权掌握在诸位读者手中。

感知相对性论证的三个版本

感知相对性论证的第一个版本出现在《原理》第14—15页和第87页（通过所有“可感特质”的例子），以及《对话》的第185—186页（通过颜色的例子）和第205—206页（通过所有“可感特质”的例子）。在第一个版本中，贝克莱的第一个前提是同一个日常物体被不同的感知主体感知时，每个感知主体会获得各自不同的感觉，并且同一个日常物体在不同的感知环境中被同一个感知主体感知时，感知主体也会获得各个环境下的不同感觉。比如同一座塔，张三从远处观察和站在近处观察会发现这座塔的大小不一样。贝克莱自己也举了一个例子，正常的时候吃着是甜味的食物在发烧的时候吃起来会发苦。该论证的第二个前提是既然同一个日常物体被不同的感知主体感知时，每个感知主体会获得各自不同的感觉，并且同一个日常物体在不同的感知环境中被同一个感知主体感知时，感知主体也会获得各个环境下的不同感觉，那么这些不稳定的感觉不可能准确反映一个拥有着稳定状态的存在于心灵之外的物体。正如一件物体不可能既是小的又是大的，既是甜的也是苦的。

通过这两个前提，贝克莱得出了结论：人们的感知体验完全无法反映所谓的“存在于物体自身的真实属性”。然而，在《原理》中，贝克莱得出的结论却是：人们无法判断自己的哪一个感知体验真实地反映了所谓的“存在于物体自身的真实属性”（如果感知体验可以反映真实属性的话）。此外，在《原理》的第15页，贝克莱在得出上面的第一个结论之后，贝克莱补充说至少前文的论证可以证明第二个结论。贝克莱做这么一个补充似乎说明了感知相对性论证是他用来反驳对手观点的论证。正如笔者在第二章提到的，17、18世纪的哲学家往往相信“次级属性”都是人们的感知体验，是人们在主观上对客观事物样式的反映。在《原理》第14—15页，贝克莱指出其实“初级属性”也是人的感知体验，并且贝克莱指出“初级属性”和“次级属性”之间的区分界限其实是相当主观的，其后贝克莱论证了无论是初级属性还是次级属性都是感觉。

感知相对性论证的第二个版本出现于《对话》第178—179页（通过冷热的例子）、第184—185页（通过颜色的例子）、第188—189页（通过大小和形状的例子）以及第190页（通过运动的例子）。该版本的论证类似于哲学家们常说的“反例法”（先假设某一论证的所有观点为真或者成立，指出一个这些论点衍生出的反例，以此来推翻某一论证。这是利用了逻辑学中的一条规律：当一系列论点都为真时，不可能出现反例，否则的话这些论点中起码有一个不为真）。

因此，贝克莱的做法是：先假设有独立于心灵之外存在的物质拥有着可以被人感知的属性，然而人们可以对同一物体的统一属性产生不同程度的感觉。贝克莱的例子是如果一个人把两只手同时伸进同样的一盆水中，可能会感觉到左手热右手凉（你也可以自己做这一实验，先把左手放在冰上并把右手架在火炉上，然后同时伸进同一盆水中，你就会感到两只手感受到的热度不一样）。如果独立于心灵之外的客观物体确实存在并拥有能被人感知的属性，那么这盆水就同时拥有着冷的属性和热的属性，岂不是自相矛盾？那么人们感知到的物体拥有的属性和物体的真实属性一定是两回事，贝克莱的观点是前者就是人心灵中的感觉。

感知相对性论证的第三个版本出现在《对话》第185—186页（通过颜色的例子）以及第189页（通过“在视野中分布的面积大小”的例子）。这个版本的第一个前提是唯物主义者认为存在于物体自身的真实属性只会随着物体的改变而改变（例如，形状只会因为物体自身的形变而改变）。第二个前提是“可感特质”的改变不一定是因为物体自身的变化。贝克莱自己举了一个颜色的例子，同一件衣服在蜡烛的光线下和在日光下呈现的颜色是不同的，由于存在于物体自身的真实属性只会随着物体自身改变而变化，而我们感知到的物体属性却不必随着物体自身的变化而变化，所以我们感知到的物体属性不是物体自身的真实属性，因此贝克莱认为我们感知到的物体属性也是感觉。

总而言之，感知相对性论证的单个版本都强调不同的观察者在同等环境下观察同一物体会感知到不同的属性，或者同一观察者在不同的环境中观察同一物体会感知到不同的属性，从而得出人们的感知体验不能反映物体的真实属性的结论。这一结论也可以说成是人们感知到的物体属性全都是存在于心灵中的感觉，该观点在《原理》《对话》中都反复出现。

对感知相对性论证的评价

首先我们来了解一下学术界对感知相对性论证的常见的反对意见。笔者认为，第一个反对意见很容易反驳，但第二个反对意见相对棘手，贝克莱自己也对第二个反对意见做过预见和反驳，但其实如果我们仔细审视贝克莱的反驳，会发现他只是在循环赘述感知相对性论证而已。

第一个反对意见其实是针对感知相对性论证的第一个版本的，该版本认为人的感知体验（至少部分）不能正确反映物体的真实属性或者人们很难分辨自己的哪些感知体验正确地反映了物体的真实属性。这部分可以参照贝克莱关于发烧时吃甜食感到苦的例子，到底是“甜”的感觉还是“苦”的感觉正确地反映了事物的属性呢？还是说这两种感觉都不能正确反映物体的真实属性？

但一般情况下我们都会认为我们在健康情况下品尝到的味道是正常的，而在生病的情况下尝到的味道是不正常的，因为生病的时候人的味觉会变得不正常。类似的，如果两个人同时感知同一件物体并得到了不同的感知体验，人们通常会认为在正常的感知环境下进行感知的那个人的感知体验更准确地反映了物体的真实属性。再举一个笔者自己的例子，如果张三有红绿色盲，李四视觉正常，那么他们两人一起看同一颗草莓，张三看见的草莓是绿色，而李四看见的草莓是红色，那么人们同样会倾向于相信视力正常的李四的感知体验，认为他的感知更符合现实。

我们还可以从《对话》中找到许多相关内容。斐乐纳斯反对人们把正常感知条件下的感知者的感觉当作物体的真实属性，如第188—189页斐乐纳斯向海拉斯举的例子：不同的动物在各自的正常状态下都会对同一件物体产生不同的认知感受，而人类认为只有人类在正常状态下的感觉才真正反映了真实的世界，这是一种物种偏见。抑或是说存在这种可能：所有的物种在其正常的状态下获得的感知体验都不能正确反映真实的物质属性。因为，如果有至少一种动物的感知体验不能反映物质世界的真实属性，那么至少有可能所有的物种的感知体验都不能如实地反映物质世界。请各位读者朋友独立思考并判断人类在正常状态下的认知体验能否如实反映现实世界。

对于感知相对性论证的第二个反对意见针对的是感知相对性论证的全部三个版本，其中主要是针对第三个版本。前文中已经讨论过与这个反对意见类似的观点，该观点认为贝克莱没能成功区别“人们感知的”物体属性和“真实存在于客观物体自身的”物体属性。感知相对性论证的第三个版本的前提是物体的“可感特质”在物体本身不改变的情况下也可能改变。但是许多人认为唯物主义者并不承认这一前提。物体的尺寸、形状和颜色等属性在人们感知中的变化不代表真实物体属性的变化，比如一张白纸虽然在烛光下看起来是黄色的，但是白纸依旧是白色；又比如一只蚂蚁在放大镜下看很大，但它其实极其渺小。如果没有“任何定义下的日常物体属性的变化都不以物体本身的变化为前提”这一理论基础，感知相对性论证的第三个版本不可能成立。

贝克莱早已对此有所预料，并且借由斐乐纳斯之口做了回应，在《对话》第191页，海拉斯认为为了区别“人们感知的”物体属性和“真实存在于客观物体自身的”物体属性，我们应该区别对待人们直接或瞬时地感知的物体属性和感知活动的客观对象——这个物体本身。但斐乐纳斯提醒海拉斯，他们的讨论对象一直是人们直接或瞬时地感知的物体属性，至于感知活动的客观对象（也就是这个物体本身）原本就不在讨论范围之内。

紧接着在第192页，海拉斯提出我们应该区别“绝对特质”和“可感特质”，他认为可感特质（如大小）只是人们对物体的反应，但绝对特质却不是。换言之，可感特质是我们感知到的物体属性，而绝对特质则是物体自身的真实属性。斐乐纳斯在第193页回答：人们不可能认识物体的绝对特质。既然绝对特质是不可认知的，那么我们就没有必要也没有可能区别“绝对特质”和“可感特质”。

第195页，海拉斯最后提出或许我们应该区别作为感觉的特质和感觉的来源——客观物体。斐乐纳斯则说服了海拉斯同意“物体”就是人们通过直接感觉认识的对象，因此物体就是感觉。由是，斐乐纳斯再次得出了我们没有必要区别感觉的特质和感觉的来源（客观物体）。

然而这些回答却暴露出了感知相对性论证的漏洞：如果我们接受感知相对性论证只适用于对物体的直接感知体验（也就是人们通过感官在感知当下瞬时直接地认识的物体属性），那么这就与贝克莱的另一说法产生了矛盾。我们在第三章中已经了解到，贝克莱将人们通过感官直接获得的未经心灵处理的信息定义为直接感知体验，如果有两个观察者在不同的距离之外观察同一座塔，这座塔在两名观察者的视野范围中所占的比例是不同的。类似的，一片树叶在蚍蜉的眼中看起来可以遮天蔽日，而在人的掌中不足一握。感知相对性论证的结论换句话说就是人们的直接感觉不能完全正确地反映物体的真实属性。这意味着感知相对性论证是多此一举，因为人们原本就不认为这些属性是物体自身的真实属性。其次，感知相对性论证也未对进一步论证“物体属性无论如何定义都不是独立于心灵的真实存在”提供任何裨益。

同时，贝克莱借斐乐纳斯之口提出“绝对特质”不可能存在（绝对特质指的是区别于可感特质，并存在于物体自身的物体属性），为了捍卫感知相对性论证的正当性，贝克莱需要进一步论证抽象概念不可能存在。也就是说，感知相对性论证的成立建立在贝克莱能否成功证明抽象概念不存在。贝克莱在证明抽象概念不存在的论证过程中得出的其中一个结论是：独立于心灵之外的物体属性是不存在的。既然他已经通过其他的论证得出过这样的结论，就没有必要再额外地为了同一个结论提出感知相对性论证。直白地说，贝克莱提出感知相对性论证来应对“贝克莱哲学没有成功区分人们感知到的物体属性和物体自身的真实属性”这一反对意见是画蛇添足。

感知相对性论证的另一个问题是，斐乐纳斯用“我们体验到的物体属性和物体自身的真实属性之间没有区别”来支持感知相对性论证的成立，然而感知相对性论证的结论之一就是“可感特质”就是感觉，也就是说贝克莱再一次利用论证的结论来证明该论证。这种循环论证的问题在于，它只能说服本来就赞同相关观点的人，在这个例子中，只有本来就认同可感特质就是心灵中的感觉的人才会认同斐乐纳斯对感知相对性论证的佐证。

简言之，斐乐纳斯针对“贝克莱没能成功区别人们感知的物体属性和真实存在于客观物体自身的物体属性”这一反对观点的论证得出的是无用的结论，并且感知相对性论证没能成功证明我们感知到的日常物体拥有的各种特质并不是物质实体的真实特征，而是人们心灵中的感觉。

第五节　贝克莱对抽象概念的否定

通过本小节的内容，大家将会了解到贝克莱是如何否定人们提取抽象概念的可能性，简要地说，就是贝克莱如何否定抽象概念。学者们常认为贝克莱对抽象概念的否定是对约翰·洛克的反驳，因为贝克莱所反对的抽象概念，与洛克的定义是高度一致的（参考前文对洛克哲学的介绍）。然而，学界对于洛克的抽象概念究竟是什么存在着争议，并且有学者认为贝克莱其实是因为误解了洛克的抽象概念才会对其产生了一系列否定。就笔者个人观点认为，贝克莱并没有误解洛克的抽象概念，并且，由于本书的讨论对象是贝克莱哲学，贝克莱的攻击对象到底是不是洛克的抽象概念并不重要，我们的目的是理解和评价贝克莱对“抽象概念”的否定以及他的最终结论：日常物体及其属性都不可能存在于心灵之外。

在研究贝克莱的学者中，还存在着一种争议，那就是贝克莱究竟反对了多少“种”抽象概念。通常人们公认的贝克莱反对过的抽象概念有两种。第一种抽象概念是单个特质，比如尺寸作为一种单个特质，它与颜色之间没有关联。第二种抽象概念是种类，如所有的大象的集合就是一“种”动物。下面我们就来了解一下贝克莱如何否定这两种抽象概念，以及通过否定抽象概念衍生出来的论证，同时我们也会接触到贝克莱否定存在于心灵之外的属性、物体和物质的观点。

单个特质的抽象概念

贝克莱否定我们可以认识关于某一种特质的抽象概念（例见《原理》第7页和第10页、《对话》第193—194页），他认为我们无法孤立地认识单个特质，具体来说，就是我们不可能在认识到某一个尺寸的时候（尺寸就是某个色块在视野中占据的面积）认识不到颜色特征，或者看见某个颜色却认识不到这个颜色所占据的视野中的面积——尺寸。贝克莱指出人们普遍承认在现实中颜色或者尺寸这一特征不可能单独出现。因为颜色的出现总是会在人的视野中占据一定面积，或者尺寸就是色块在视野中占据的比例，所以人们事实上不可能单独感知颜色或尺寸。

贝克莱的说法乍看像是精神层面的问题，并且只要通过内省就足以证明我们不可能获得抽象概念，比如我们就会发现颜色与尺寸这两种特质不可能单独出现，然而有学者认为如果真的采用内省来验证这一论点，那么只要有人说："我通过内省发现了不与颜色的概念一同出现的尺寸的概念"，贝克莱否定抽象概念的论证就失败了。而既然贝克莱的最终结论是抽象概念不存在，那么很可能贝克莱坚信人们无法通过内省发现单个特质的抽象概念。

感知的不可分离性论证

贝克莱随后将"人们无法形成单个特质的抽象概念"作为感知的不可分离性论证的前提之一。感知的不可分离性论证出现在《原理》第194页和《对话》第200页，其结论是初级属性（如在空间中的分布、形状和运动）都不是存在于心灵之外的物体的真实属性，都是人的感知体验的一部分。

《原理》中的感知的不可分离性论证的版本是这样：由于人们在获得一个尺寸的概念（初级属性）的同时一定会伴随着颜色的概念（次级属性），所以初级属性和心灵的关系与次级属性和心灵的关系是一样的，而当时的哲学家普遍认为次级属性是依存于心灵的概念，是心灵对物体的反应，贝克莱利用对抽象概念的否定过程中得出的结论：初级属性（如尺寸）和次级属性（如颜色）不能相互剥离，而次级属性又是依存于心灵的概念，由此可以得出感知的不可分离性论证的结论：初级属性也是心灵中的概念。

《对话》中的版本则是这样：斐乐纳斯提出在现实中一个与初级属性相关的概念不可能不包括与次级属性相关的概念。斐乐纳斯和海拉斯达成共识：初级属性与次级属性在感知上不可分离（conceptual inseparability），也就是说在人们的脑海中不存在孤立的单个与次级属性无关的初级属性概念。这也就意味着初级属性和次级属性都是依附于心灵的。

值得一提的是，贝克莱在各处的说法可能有些出入，比如他先是表示“孤立的与次级属性无关的初级属性的概念”不可能出现在现实中，所以也就不可能存在于我们的心灵中（如前文中的尺寸和颜色的例子），而随后在《对话》中贝克莱又称因为我们的心灵无法感知孤立的与次级属性无关的初级属性的概念，所以它不可能存在于现实世界中（同样还是举了尺寸和颜色的例子）。那么究竟是抽象概念的不可知性决定了其不可能存在，还是因为抽象概念不可能存在所以决定了其不可知性？

某个种类的抽象概念

贝克莱所反对的第二种抽象概念是许多同种个体的集合——种类（详细定义见《原理》第8—10页）。贝克莱自己举的例子是：三角形是所有具有三条边，内角和为180° 的图形。但是光凭三角形这一分类还不能确定某个三角形是不是直角三角形或者等腰三角形。又如颜色必然有特定的色度，一个没有任何色度的颜色（颜色的抽象概念）是不存在的。

贝克莱认为，如果要去想象三角形这个种类，人们脑海中会浮现一个具体的三角形形象，这个三角形就是具体的某个三角形（可能是一个等腰三角形或者直角三角形），然而最初的要求是想象出一个包含了所有三角形的共同特征在内的“种类”，而不是要求想象出具体的个体。也就是说，人们在想象三角形时只能想象出某个具体的“三角形个体”，而无法想象出总的抽象的“三角形集合”。贝克莱指出了种类抽象概念的矛盾性：要形成某一种类的抽象概念，不可以想象任何一个具体的三角形，然而人们做不到在想象某个种类的抽象概念时不在脑海中勾勒出一个具象的个体。

我们不可能感知任何存在于心灵之外的特质、日常物体或者物质

最后，贝克莱运用抽象概念不可能存在的结论来论证“心灵之外的特质、日常物体或者物质不存在”这一论点，但是具体的运用无法在书中定位出明确的段落，因为贝克莱是采用循序渐进的方式在《原理》的第一部分和《对话》的第一轮对话中完成这一论证的，各位读者可以参考《原理》第11页和《对话》第192—194页，在此贝克莱论证了日常物体的特质依存于心灵以及《原理》第15—17页和《对话》第260页，在此贝克莱浅谈了日常物体或者物质也依存于心灵。

贝克莱反对将初级属性（如尺寸）看作存在于心灵之外的物质世界的客观物体的真实属性。以尺寸举例，尺寸这一特质当时被认为是与人类心灵无关的物质世界中物体的真实属性，换句话说，即使世界上没有心灵存在也不会影响某个既定物体的尺寸。所以在讨论物体尺寸的时候，应该抛开对该物体大小的所有主观感受不谈。但是贝克莱认为如果说讨论物体尺寸这个抽象概念意味着必须回避对所有具体的主观感受的讨论，就等于说抽象概念没有任何内涵，是空洞的概念，是一个空集，贝克莱暗示人们不可能获得这种抽象概念，那

些认同抽象概念的人实际上根本举不出任何抽象概念的例子。

更详细地说，贝克莱认为所有关于尺寸的描述都是与人或者与人的心灵有关的。首先当我们在形容一件物体“庞大”时，我们使用的参照物是我们自己。比如一件在笔者眼中看来是庞然大物的物体，在大象眼中看来可能很小。同理，我们在形容一件物体“小巧”时，我们指的是相对于自己而言很小。比如同一件物体，在我们眼中看来可能很小，但对于跳蚤而言却是不可逾越的高山。因此，贝克莱认为所有关于尺寸的形容（大、小、中等体积等）都是人类的主观感受，并不是真实存在于某个物体中的，人是无法对与人类无关的物质实体的尺寸产生认知的，换句话说，当人们想象某个尺寸时，脑海中浮现的必然是过去感知经历中的某个具体物体的具体尺寸。

贝克莱认为所有的“初级属性”都是同样的道理，比如运动（快速、慢速、匀速等）也是人的主观体验，而不是客观物质世界的物体属性。快速、慢速、匀速等描述运动的词来自人的主观感知体验，与客观物体自身的特质无关。某个运动可能在人们眼中看来很快，但在苍蝇的眼中看起来可能是慢的。描述运动也不可能脱离主观感受，人无法对与人类感知无关的物体运动产生认知。还是那句话，当人们想象某个运动状态时，脑海中浮现的必然是过去感知经历中的某个具体物体的具体运动，由此可见，运动也是依附于心灵的一种特质。

贝克莱认为通过上述论证，他成功地证明了所有日常物体的特质都是心灵中的存在，与人们的感知经历有关，而与客观世界中的物体无关。至此，（至少在贝克莱自己眼中看来）贝克莱已经成功证明了初级属性和次级属性都是依存于心灵的，随后，贝克莱进一步阐述了客观世界和客观的物体都是不存在的。

在贝克莱看来，相信与心灵无关的客观物质或物体存在的人举不出一个“与心灵无关的客观物体”的实例，因为如果客观物体是“与心灵无关”的，那么在举例时就不能利用任何与感知经验相关的描述来形容这件物体，然而，人们能够得知关于物体的一切信息都是通过感官获得的（初级属性或者次级属性），因此“与心灵无关的客观物质或物体”本身就是一个悖论。

同样的道理，物质也可以用相同的逻辑来否定。贝克莱还将这一逻辑进一步运用在了对洛克所定义的“所有特性、特质的来源”——也就是物质实体的否定上。贝克莱在《原理》第75页将相信物质的人戏称为愚蠢且不假思索的人（在第74—75页贝克莱还提出相信物质的存在的人有否定上帝的嫌疑。贝克莱之所以这么说是因为在唯物主义者看来是物质使人们产生各种感知体验，而上帝的影响充其量是间接作用在这个世界的，然而贝克莱认为上帝对人类世界的影响是直接的也是深入我们生活中的方方面面的）。

在进一步讨论人们对贝克莱的“反驳抽象概念的论证”的反对意见前，先补充了解一点贝克莱对抽象概念的反驳中存在的问题：在《原理》《对话》两书中贝克莱一方面称抽象概念是空洞没有内涵的，而另一方面又称抽象概念的来源是自相矛盾的事物，甚至他还称人们不可能形成抽象概念。到底贝克莱想表达的是三种说法中的哪一种？是我们不可能形成抽象概念还是我们可以形成抽象概念，只不过抽象概念的指代对象是现实中不存在的事物？如果我们不能形成抽象概念，那我们不能形成抽象概念的原因是什么，是因为抽象概念没有内容，还是抽象概念有内容但其内容是自相矛盾的？

针对贝克莱对抽象概念的否定的两个常见反对意见

贝克莱否定了抽象概念之后，学界出现了许多反对声音，笔者将介绍两个常见的反对意见，笔者认为贝克莱的思想值得深究，一旦我们真正接受贝克莱论证背后的动机，我们是可以维护贝克莱的观点的——但是需要付出一定的代价。

第一个反对意见是：贝克莱对抽象概念的否定只能建立在将概念的本质定义为“画面”的基础上，因为贝克莱认为当人们形成概念时，无论形成的是什么概念，人们都是在脑海中构造出一个个画面。尤其是贝克莱认为所有的概念或者观点都可以变成一个个可感知的画面，或者是记录在心灵中的在认知当下通过感官获得的感知体验。通过这样定义的概念，贝克莱将认知（conception，所有形成概念的行为）狭隘地定义为了感知（perception，通过感官获得或构建脑海中的画面的行为）。第一个反对观点认为只有通过这样的定义，贝克莱对抽象概念的反对才成立。举例而言，人们不可能想象出一个没有任何颜色的物体，或者一个没有任何属性的物体。但是真正的形成概念的过程未必是这样的，有一些概念不是脑海中的一个画面，此外，不包括任何具体特质的抽象概念真的就是空洞的吗？虽然在现实中所有的物体都有具体的颜色、尺寸等特征，但是我们就真的无法在脑海中勾勒出一个不具有任何具体特征的物体吗？

第二个反对意见认为贝克莱错在他认为一个心灵中的概念必须

拥有与现实中某个具体物体一致的特征。例如，他认为三角形就必须是直角三角形、钝角三角形或锐角三角形中的一个，因为在现实中所有的三角形都可以归入这三类三角形之一。

换句话说，贝克莱的问题在于认为概念必须反映现实，概念的来源是物质世界中的一个物体，概念必须符合现实物质世界的规律。然而，概念中的三角形与现实中的三角形可以不同（我们可以产生“不属于直角三角形、钝角三角形或直角三角形的三角形”的概念），概念中的物质可以与现实中的物质不同（我们可以产生“不拥有任何具体特征的物质”的概念），现实物质世界中的存在不能打破客观现实规律，但是心灵中的概念却不受这一规律限制，比如现实中不可能存在“方的圆”，但是这不妨碍我们在心灵中构建“方的圆”这一概念。按照这一反对意见的说法，人们可以获得“不拥有任何具体特征的物体的抽象概念”。

再议贝克莱对抽象概念的否定中的两个问题

稍后本书将会重新讨论上述的两个反对意见，但在此之前有两个贝克莱对抽象概念的否定中的问题亟待讨论。首先，贝克莱一面声称人们的想法不可能与现实相悖，一面又称人们无法获知的事物不可能出现在现实世界中，本书将为读者厘清贝克莱的本意。其次，贝克莱认为抽象概念是空洞的、无内涵且无意义的，又认为抽象概念的指代对象是不可能存在的、自相矛盾且有悖常理的，又称人们产生抽象概念的行为不可能发生，是自相矛盾且有悖常理的，本书也会为读者整理贝克莱在这一方面的观点。

贝克莱之所以反对抽象概念的原因是因为贝克莱的“存在即被感知”理论：贝克莱认为日常物体的存在是基于被感知的前提之下的，这可以在《原理》和《对话》两书中找到充分的证据。但请读者注意，以上分析纯属笔者个人观点，在学界可能存在争议。

贝克莱在《原理》一书的第一部分第1—8页称日常物体及其属性就是概念，《对话》的第一段中贝克莱也表达了同样的意思。笔者认为，贝克莱对于日常物体及其属性的定义对于贝克莱的整套哲学而言都至关重要，因为其后的所有形而上学或非形而上学理论都是建立在这一定义上的。

此外，贝克莱还在多处明示暗示“存在即被感知”理论就是日常物体及其属性，甚至物质本身都不能存在于心灵之外的原因。具体的例子有：《原理》第六节，贝克莱在以“存在即被感知”的前提下得出了日常物体不可能存在于心灵之外的结论，以及《对话》

第232—233页斐乐纳斯认为“存在于心灵之外的物质”是无稽之谈。两书的多处论证都以“存在即被感知”作为论证的前提，其中也包括对抽象概念的否定。

如果笔者的假设成立，那么贝克莱认为人们无法形成抽象概念的最终原因就是日常物体及其属性都是概念（的集合）或者更确切地说，是感觉。以日常物体为例，贝克莱认为日常物体不可能存在于心灵之外，因为日常物体就是感觉，而感觉不可能存在于心灵之外。此外，贝克莱说关于存在于心灵之外的日常物体的抽象概念是空洞无内涵的，因为抽象概念不包括任何具体的物体属性，这种抽象概念是没有任何内容的，人们不可能在脑海中构造一个什么都没有的概念，这种概念不可感知也不可想象，综上所述，贝克莱否定了抽象概念。

综上所述，贝克莱之所以认为“相信日常物体存在于心灵之外”的观点本身没有意义的原因是关于“存在于心灵之外的物体”的概念本身没有任何内涵，相信抽象概念的人全都是在胡说八道。

现在，相信大家能够更好地理解贝克莱的观点：不可能存在于心灵之中的事物也不可能存在于现实中，反之亦然，不可能存在于现实中的事物也不可能存在于心灵之中。贝克莱认为物体的属性不可能单独存在而不伴随着任何其他的属性一同出现，比如尺寸和颜色或者触觉。首先，尺寸是存在于心灵中的一个概念，是人们通过感官接受尺寸信息时得知的是颜色在视野中的分布比例或者触觉在空间中的分布状况，所以在现实中，一个尺寸特性不可能不随着颜色特性或者触觉出现；反之也是同样的道理，因为现实中不可能存在没有大小的颜色或者没有颜色的尺寸，所以人们也不可能获知一个单独的尺寸概念或者颜色概念。

《对话》中的解释与上述的《原理》版类似，斐乐纳斯称因为我们不可能构建出一个独立的尺寸的概念而且同时不连带出其他特性的概念，所以在现实中不可能存在一个单个的特性而不伴随任何其他特性。理解这一说法同样需要借助贝克莱对物体特性的定义，物体特性是心灵中的感觉，例如，尺寸是视觉或者触觉，人类要想象一个尺寸必须通过想象一定范围的颜色分布或者一定范围的触觉分布，所以结果就是：在现实中尺寸不可能独立于所有其他可感特质出现。

简言之，既然贝克莱的理论出发点是日常物体及其特性是心灵中的感觉的集合，现实世界中的日常物体和我们心灵中的概念是相互呼应的，现实中不存在的事物在心灵中也不存在，而且反之亦然，所以“存在于心灵之外的日常物体及其特质或物质本身”都是自相矛盾的说法，有悖常理。

插一句题外话，相信大家现在可以理解为何笔者在前文中称无论贝克莱是否误解了洛克对次级属性的定义都不影响本书的讨论。在贝克莱的哲学体系中，日常物体的所有属性都是人们的感觉，而不是心灵之外的客观物体自身的特征。如颜色，是心灵中的感觉，而不是物体的物理性质引起人们产生的思维活动。我们不用管贝克莱是否正确理解了洛克哲学，我们只需要知道贝克莱将物体属性定义为心灵中的感觉并在此基础上论证“存在于心灵之外的特质”是空洞的、矛盾的。

再议针对贝克莱对抽象概念的否定的两个反对意见

假设实际情况真如笔者所言：贝克莱对抽象概念的否定是建立在将日常物体及其特质都定义为感觉（的集合）的基础上的，我们再来看一下学界对贝克莱否定抽象概念的论证的两个反对意见。

第一个反对意见认为贝克莱否定的抽象概念是“画面化”的抽象概念。如果形成抽象概念的机制是在脑海中勾勒出一幅幅图画，那么贝克莱对抽象概念的反对是可以成立的。然而即使人们不可能勾勒出一个既不是红色，也不是黑色，也不是任何特定的颜色的颜色，或者即使人们不可能想象出一个不具有任何具体特征的物体，但是这依旧不妨碍人们在心里想象一个“不是任何颜色的颜色”或“不具有任何具体特征的物体”。

在第三章我们已经讨论了贝克莱并不认为人们脑海中的所有想法都是一个个画面，虽然贝克莱在提出“严格意义上来说，人们只能够获得关于能够被感知的事物的概念”时确实将人们可感知的事物比作一个个心灵可以注视的画面，但这仅仅只是比喻，这个例子并不涵盖所有的概念，而贝克莱对抽象概念的否定却是对所有的抽象概念进行了否定，既包括那些“画面化”的概念，也包括其他非可视化的概念。

那么，如果贝克莱的反对对象是现实中不存在的人们在脑海中的一个想象（如“不是任何颜色的颜色”或“不具有任何具体特征的物体”），他的反对是否成立？因为贝克莱的论证前提是所有的日常物体都是感觉的集合，这种想象就不可能存在，并且根据这一前提，我们也可以得出“存在于心灵之外的日常物体”从定义上就是自相矛盾的，并且无论抽象概念是不是脑海中的一个画面，都不妨碍这一论证的成立。

第二个反对意见认为贝克莱错在使用现实世界的规则和逻辑去限定抽象概念。但是，如果我们同意贝克莱的出发点：所有的日常物体及其属性都是概念。那么现实世界中的一个三角形就等同于我们心灵中的一个三角形，现实世界中的三角形拥有什么特质，我们心灵中的三角形也必然拥有什么特质（这种现象在哲学中被称为“等同即无异现象”，意为如果两件事物是等同的，那么它们的所有特质均等同，不存在差异）。同样的，既然现实中没有单独存在的尺寸属性，在人的脑海中也不可能存在。简言之，如果将日常物体及其属性都定义为概念的集合，贝克莱就可以认为人们心灵中的概念完全对应了世界，世界的规则和逻辑同样适用于心灵中的概念。这也解释了贝克莱在《原理》第5节的说法：只有在现实中就是独立存在的物体特性才可能在心灵中有独立存在的概念。

即使贝克莱对日常物体及其属性的定义可以帮助贝克莱哲学在这两个反对意见面前站稳脚跟，但是贝克莱的哲学还是受到了重创：许多学者认为，贝克莱否定抽象概念是为了证明日常物体及其属性不可能存在于心灵之外，而他为了完成这一否定，又必须使用“日常物体及其属性就是心灵中的感觉的集合”这一定义，他的这一论证就成了循环论证，而循环论证无法说服原本不接受论证结论的人。

第六节　结论：贝克莱的哲学能带给我们什么？

读到这里，读者朋友们很可能会问："那么日常物体及其特质真的是感觉的集合吗？"综合本书所述，我们可以发现贝克莱并没有给出一个很好的理由让我们接受这一观点。首先在《原理》第一至八节和《对话》的开头，贝克莱简单粗暴地将日常物体及其属性定义为感觉的集合，随后又无法立刻拿出独立的论证证明这一点，而是提出了同一性论证以及感知相对性论证，如前言所述，同一性论证没能成功证明特质就是感觉，而感知相对性论证则落入了循环论证。而领衔论证则可以说是对先前的论证的重复（重复了从"日常物体及其属性都是脑海中的概念"到"它们不可能存在于心灵之外"的逻辑跳跃）。最后我们也了解了贝克莱对抽象概念的否定建立在对日常物体及其属性的定义上，对于支持贝克莱哲学没有实质性的帮助。

简言之，笔者认为贝克莱对"日常物体及其属性是心灵中的概念，不能存在于心灵之外”（这一论点是贝克莱哲学的中心，也是他全面否定物质存在的关键一棋）的论证全军覆灭，无一例外都没能经受住检验。

那么，贝克莱的哲学究竟能带给我们什么？其实，虽然贝克莱无法证明“日常物体及其属性是感觉的集合，只能存在于心灵中”这一论点，但不代表这一观点是错误的。我们的生活中存在着很多我们无法证明的事情，却被我们理所当然地认为是真的。虽然贝克莱的论证有问题，但我们仍然可以思考是否能够接受他的论点。贝克莱哲学理论的中心思想是他的论点“人们通过感官认识的有且仅有的感觉”，许多学者认为如果这一说法成立，那么非物质主义和唯心主义自然也成立。读者朋友们有决定自己是否赞同贝克莱的观点的自由。笔者最后提醒大家一句：如果你的观点和贝克莱不同，你是否可以证明自己的观点正确而贝克莱的观点错误？这个问题留给大家慢慢思考。

参考文献

贝克莱各著作清单

学术界目前公认贝克莱的全部著作收录于亚瑟·亚斯顿·卢斯与托马斯·埃德蒙·杰索普（T.E.Jessop）编写的贝克莱著作全集之中：

Luce, A.A. & Jessop, T.E. (eds.), *The works of George Berkeley Bishop of Cloyne*, 9 volums. (London: Thomas Nelson and Sons Ltd, 1948—1957.)

该全集一共九册，《人类知识原理》（*the Principles of Human Knowledge*）和《贝克莱哲学对话三篇》（*Three Dialogues between Hylas and Philonous*）收编于第二册中，第一章中出现过的贝克莱著作在各册中的对应为：

《视觉新论》（*An Essay Towards a New Theory of Vision*）——第一册

《视觉论辩释》（*the Theory of Vision...Vindicated and Explained*）——第一册

《哲学评论集》（*Philosophical Commentaries*）——第一册

《论运动》(*De Motu*）——第四册

《阿尔西弗龙》（*Alciphron*）——第三册

《分析师》（*The Analyst*）——第四册

《询问者》（*The Querist*）——第六册

《西里斯》（*Siris*）——第五册

卢斯和杰索普版《原理》和《对话》两册书还经乔纳森·丹西的整编再版，并加上了丹西对各作品的介绍。

Berkeley, George, *A Treatise Concerning the Principles of Human Knowledge*, Dancy, Jonathan (ed.). (OUP: Oxford, 1998)

Berkeley, George, *Three Dialogues between Hylas and Philonous*, Dancy, Jonathan (ed.). (OUP: Oxford, 1998)

市面上目前现存许多版本的《原理》和《对话》。贝克莱将《原理》一书分为了许多小节，目前的每一个版本都沿用了这一行文布局，而《对话》则没有这种格式。因此本书在沿引《原理》原文时有时指示的是该书中的某个小节，而引用页码时，作者对照的是卢斯和杰索普的版本，丹西的版本与卢斯和杰索普的版本之间也有紧密的对应，因此参考这两个版本的读者阅读本书会有较大便利，而使用其他版本的读者需要更多时间找到相应的原文。作为参考，在卢斯和杰索普的版本中，《对话》中的第一轮对话出现在第171—207页，第二轮对话出现在第208—226页，第三轮对话出现在第227—263页。

相关书目

人物传记：

Dancy, Jonathan, *Berkeley: An Introduction* (Oxford: Basil Blackwell, 1987)

Pitcher, George, *Berkeley*(London: Routledge & Kegan Paul, 1977)

Tipton, I.C., *Berkeley: The Philosophy of Immaterialism* (London: Methuen, 1974)

Warnock, G.J., *Berkeley* (3rd ed.) (Oxford: Basil Blackwell, 1982)

Winkler, Kenneth P., *Berkeley: An Interpretation* (Oxford: Clarendon Press, 1989)

《原理》一书相关资料：

Fogelin, Robert J., *Routledge Philosophy Guidebook to Berkeley and the Principles of Human Knowledge* (London: Routledge, 2001)

《对话》一书相关资料：

Garrett, Aaron, *Berkeley's Three Dialogues: A Reader's Guide* (London: Continuum, 2008)

Stoneham, Tom, *Berkeley's World: An Examination of the Three Dialogues* (Oxford:OUP, 2002).

贝克莱哲学相关论文集：

Martin, C.B. & Armstrong, D.M. (eds), *Locke and Berkeley: A Collection of Critical Essays* (London: Macmillan, 1968)

相关优秀网络资源：

Stanford Encyclopedia of Philosophy – entry on George Berkeley: http://plato.stanford.edu/entries/berkeley/

The Internet Encyclopedia of Philosophy – entry on George Berkeley:http://www.iep.utm.edu/b/berkeley.htm

本书提及的其他书目：

Bolton, Martha Brandt, 'Berkeley' s Objection to Abstract Ideas and Unconceived Objects', in Sosa, Ernest (ed.) *Essay on the Philosophy of George Berkeley* (Dordrecht: D. Reidel, 1987)

Descartes, Rene, 'Meditations', in Descartes, Rene (ed.), *Meditations and Other Metaphysical Writings*, Clarke, Desmond M.

(tr.&ed.), (London: Penguin, 1998)

Hume, David, ‘An Enquiry Concerning Human Understanding’, in Hume, David, *Enquiries Concerning Human Understanding and Concerning the Principles of Morals* (3rd edition), Niddith, P.H. (ed.) (New York: OUP, 1975)

Malebranche, Nicolas, *The Search after Truth*, Lennon, Thomas M. & Olscamp, Paul J. (strs & eds.) (Cambridge: CUP,1997)

索引

（条目后的页码为本词条出现在原英文版书中的页码）

作者简介

尼克・琼斯（Nick Jones），英国利兹大学哲学博士，目前在英国利兹大学任哲学讲师。他的研究领域包括现代哲学（特别是研究乔治・贝克莱）和幽默哲学。

内容简介

《从贝克莱出发》一书对贝克莱的哲学思想进行了详细的阐述，并提供了解读贝克莱哲学论点的有效指南，同时还为读者提供了独立思考、综合对比贝克莱思想及其反对思想的机会。此外，本书还介绍了对贝克莱的思想和观点产生重要影响的哲学家及其理论，以及围绕解读和评价贝克莱的思想而产生的各种争议。《从贝克莱出发》一书囊括了贝克莱全部的重要哲学概念，对所有想了解贝克莱这位具有挑战精神并且十分重要的思想家及其作品的读者来说是理想的选择。